一個技巧讓你的談話充滿魅力

跟任何人都聊得來的本事

打完招呼，
然後就句點了？

好想變身「有你在氣氛在」
的好聊咖？

聊得坑坑巴巴，
時不時冷場？

How to be Funny in Any Conversation

文天行——編著

前言：聊出你的態度，帶起場子的熱度！

每個人都會說話，但是，如何跟對方聊得來，讓對方想要繼續跟你講下去，這就要看個人的本事了。

有的人講話極富魅力，旁人很容易被其吸引，愈聊愈是欲罷不能；也有人結結巴巴，詞不達意，講了半天也不知道他要表達的意思是什麼？有的人天生句點王，一開口就會讓氣氛凍僵。和人講話，有這麼難嗎？

說話，其實就是一種「溝通」。溝通不是單方面的滔滔不絕、辯才無礙，非得讓對方聽你的話不可，想要跟人聊得來，不是只有自己單方面在說，而是對方也要有回應，這就很像打桌球或羽球，要你來我往才會有趣。

那麼，要如何樣讓對方對你的話有反應，而且是良好的反應？就是本書想和你分享的。成功得來不易，除了天分加努力，「聊天」也是很重要的因素。我們都希望在跟他人聊天時，能夠感到自然、愉快，讓自己講的話足夠吸引人，透過我們所講的內容，引起對方的興趣，讓對方想要主動親近我們。

聊天不只在於口才，更在於你如何跟人有所互動，一個懂得怎麼誘發對方想要講話的人，也是一個很會聊天的人，懂得說話技巧，可以讓你在社交時成為萬人迷。就算沒有成為萬人迷，至少也不會成為句點王。

許多政治人物會讓人覺得他充滿魅力，不一定是他的政績，而是他的幽默與詼諧。像英國首相威爾遜（James Harold Wilson）有一次在演講的過程中，底下突然有人高喊：「狗屎！垃圾！」

這時候，威爾遜不慌不忙，面帶微笑，反而道：「這位先生，請稍安勿躁，我馬上就要講到你提出的關於環保的問題了。」

我們不得不為威爾遜的急中生智感到喝采，也被他的逗趣言談所著迷，在面對可能即將尷尬，或是暴力性的場面，威爾遜的幽默風趣反而為他贏得滿堂采。

要想在人際交往的過程中能夠成為眾人矚目的焦點，受到更多人的歡迎，能夠及時化解窘境，平添生活情趣，幽默是實現這一切的最佳途徑。幽默風趣的人無論走到哪裡，都能把笑聲帶到哪裡。擁有幽默的口才，便擁有了無價的財富，讓你終身受益。

當然，幽默、風趣，固然重要，但你所談的內容要言之有物，才能夠引起對方想要跟你聊下去的興趣。你不需要到很會聊天才去接觸他人，而是在與人相處的過程中，運用你所學習到的技巧，與人達到良好溝通。

認識一個人，從陌生到熟悉，都有一個過程。每個階段都有每個階段的聊天方式。也許，我們沒有要讓自己成為溝通專家，但總會想在聚會的場合中，與他人能搭上話，因此，若能在生活或工作中多加注意及練習不同情景下的聊天技巧，讓自己在與別人交談時充滿魅力，不僅能自在做自己，還能給別人留下好印象。

還有一點，聊天是雙向的，除了「說」，也別忘了「傾聽」，透過傾聽，不只讓對方察覺你對他的重視，也能夠讓你挖掘出更多聊天素材，為彼此的談天打造出一個良好的空間，讓對方期待再次與你聊天。

希望透過閱讀本書，能夠幫助你習得更多聊天、表達與幽默的技巧，讓你有所獲益，從而讓你的生活多姿多彩，笑聲感染周圍的人，讓生活充滿愉悅的氣氛。

目錄

第二篇 擁有幽默力，讓你更有利

第八章 做個詼諧風趣的好上司 132

第三篇

幽默是生活中的調味劑

第四篇
不同場合的幽默運用

第一篇

啟動人脈的幽默祕訣

幽默能夠拉近人際距離，巧妙化解尷尬場面，串連起人與人之間的友誼。幽默是友善溝通的橋梁，是啟動人脈的金鑰。

第一章

初次見面，幽默寒暄營造愉快氛圍

幽默談吐博得對方好感

如果你想給初次見面的對象留下好感，為自己樹立良好的社交形象，就應該嘗試運用幽默的語言。

不要拘泥於自我意識，也不要生搬硬套別人的幽默，你應該發掘自身的幽默話題，並將幽默的談吐不斷地向更高層次昇華，這樣，你就能成為一個具有幽默感的人。

二〇〇七年，著名的德國教練克勞琛成為中國女子足球隊技術顧問，不久，便憑藉著幽默的形象，贏得了選手們的好感。他具有豐富的幽默感，即使是在訓練時也不忘幽默一下。

一次熱身賽後的訓練，克勞琛在進行戰術講解時，要求隊員們在禁區內一定要敢於做假動作，說完之後他還親自上場做了示範。克勞琛要求隊員站在面前防守，自己則在拿球轉身的瞬間結結實實的摔倒在地上，如此不計形象的身體語言，逗得圍坐在場邊的球員們邊看邊哈哈大笑。

Memo

幽默的話語可以把別人的心吸入你的幽默磁場，當雙方相視而笑時，彼此的感情便得以交流。只要稍稍留意，在生活中到處充滿無窮樂趣的幽默故事。

如果你不是一個善於在陌生人面前製造幽默氣氛的人，不妨隨時準備幾個笑話，平時多看看新聞，多學習那些詼諧風趣的人開玩笑的方式，在遇到新朋友時，說些笑話、趣話，開點玩笑調劑氣氛，必定會輕鬆贏得對方的好感。

所以，在新朋友面前請盡情發揮幽默感，大方地展現你的幽默風趣，相信必能讓你迅速獲得陌生人的好感！

幽默的寒暄能帶動氣氛

初次見面時，很多時候我們沒有太多時間讓他人喜歡我們，甚至是在互報姓名、客套寒暄後，氣氛一下沉悶起來。這時適時發揮幽默感，可以讓氣氛活絡起來，雙方的交流很快就會變得輕鬆自然起來。

漫畫家方成到山西省汾酒廠參觀，廠方負責人迎面而來說：「歡迎歡迎，先生，久聞大名啊！」

方成笑著回答：「我則是大聞酒名啊！」

方成將「久聞大名」幾個字的順序調換一下，並巧妙利用「久」與「酒」諧音，說出這句幽默機智的妙語，令人叫絕。短短的一句話，既表示出自己的謙遜之意，解除了被恭維的尷尬，又得體的讚美了對方，可謂客套話中的上品。

在一次社交活動中，女主人把孫小海介紹給一位貴賓。

雙方寒暄幾句後，女主人背過身去囑咐孫小海：「說點中聽的話。」聲音雖然低微，但是這位貴賓顯然聽到了。

孫小海覺得很尷尬，他一時想不起什麼「中聽的話」，就對貴賓笑著說：「我知道你是那種不能隨便奉承的人。」貴賓聽了愉快的笑了。

孫小海這句客套話雖沒有包含什麼實質性的恭維用語，卻使對方得到了被誇讚的感受，機智而巧妙。對初次見面的朋友，直說「很高興見到你」之類的客套話，反而顯得僵硬、尷尬，不如展現真誠的笑容，自然地與對方眼神接觸，留意對方的優點，大方地讚美、恭維對方。

尚東亭到一位老鄉家拜訪，女主人指著旁邊一個年輕姑娘問他：「你還記得她是誰嗎？」

尚東亭望著這位文靜而秀氣的姑娘，腦子裡毫無印象，一時愣在那裡不知所措。

女主人在一旁說道：「別著急，再想想。」那位姑娘也充滿期待的望著尚東亭。在這種情況下，如果說不記得她了，實在是過意不去。

於是，尚東亭繼續拚命回想，可腦中依然一片空白，最後只好搖搖頭說：「不記得了。」那位姑娘聽了，十分失望和難堪。

女主人這才提醒尚東亭說：「春天，香山，春遊……」

尚東亭的記憶閘門這才突然開啟。那年春天，他參加了一次活動，這位姑娘也參加了，從香山回來時，她坐在尚東亭的自行車後座上，他可是冒著被員警罰款的危險把她載回來的，一路上還說了不少話。

尚東亭想起這回事之後，為了緩和剛才的氣氛，他迅速調整了一下表情說：「哎呀，原來是妳！真對不住，沒能馬上想起來。不過這絕不能怨我，僅僅幾個月的時間，沒想到妳的外貌竟會變化這麼大。真的！妳比那時漂亮了太多，女大十八變啊！」

人與人的初次見面，都是從寒暄開始，得體的寒暄不僅可以拉近彼此的距離，贏得對方的好感，還能使後面的溝通進行得更順利。

Memo

幽默的以對方的髮型、服飾發生變化為藉口，誇讚對方一番。這是在想不起對方姓名時為自己解圍的好方法，還能緩解對方不愉快的心情。無論如何，幽默的寒暄絕對勝過尷尬的啞口無言。

用幽默消除彼此之間的疏離感

幽默感是人際交往的潤滑劑。與人交流時，偶爾幽上一默，不僅可以消除人與人之間的疏離感，還能達到人我交融的美好境界。

英國人富有智慧的民族性格，頗受世人的尊敬，因為他們很懂得善用他們的幽默感。邱吉爾首相就是英國有名的幽默人物。在第二次世界大戰期間，不管在多麼艱難的情況下，他總不會忘記以幽默的方式來鼓勵世人共度困境。

在政治家的公開演說中，倘若演講者不懂得以幽默的話語來緩和演說會場的嚴肅氣氛，就有可能被認為不具備政治家的氣質，這一點可以說是英國的傳統風範。

政治家、教育家、藝術家、談判專家都知道，將幽默感的神奇力量注入潛意識之中，就可以使自己更容易與人親近，更富有人情味。幽默是一種積極的生活態度。偶爾幽上一默便能與樂觀、愉快、希望等有所聯繫。所以，生活中人們往往更樂於接近幽默的人。

我們常說某人很詼諧，指的是這個人會開玩笑，懂得適時幽上一默，而我們大家最喜歡的也是這種類型的朋友。如果誰的朋友圈子裡有這樣的朋友出現，一定會被大家稱為「開心果」，大家都會非常樂於與之親近。

有幽默感的人往往能從平凡的小事中發現有趣、光明的一面，或是從最壞的情況下得到最大的滿足感。英國幽默作家伍德豪斯說：「可以使人開懷大笑的，就是幽默！」

偶爾幽上一默在人際交往中的作用是不可低估的。幽默可以使人際關係變得輕鬆、和諧，富有情趣，可以消除彼此的疏離感，讓人們在輕鬆愉快的氣氛中完成社交任務。

Memo

有些人在交談中，總是能夠藉由自嘲、開玩笑等方式，活絡現場氣氛，讓人感到輕鬆自在；可是，輪到你時，卻總是搞砸一切，感覺什麼招數都用上了，可氣氛就是尷尬。為什麼會這樣呢？這是因為你的表現太過於刻意了。初次見面時，最好是營造出一種輕鬆的氛圍，用詼諧的語言，讓人發自內心的開心，而不是感到生硬和混亂。

幽默能讓彼此之間更融洽

幽默能為和諧的關係錦上添花，讓尷尬的氣氛煙消雲散，使陌生人很快地變得熟絡、關係變得融洽。

百貨公司大特賣，購物人潮又推又擠，每個人的脾氣都處於一觸即發的狀態。一位太太憤憤的對櫃姐說：「幸好我沒打算在妳們這裡找『禮貌』，根本缺貨吧？」櫃姐沉默了一會兒，說：「妳可不可以給我看看妳的樣品？」那位太太愣了片刻，噗哧一笑，一場衝突就這樣被化解。

每一個管理階層的上司都知道，要想與新下屬建立和諧的關係，就必須展現出人性化的一面，幽默就是做到這一點的最佳方式。

一個年輕人剛升任為董事長。上任第一天，他召集員工開會。他對大家自我介紹說：「我是羅伯特，你們的董事長。」然後打趣道：「我生來就是個領導人物，因為我是公司前任董事長的兒子。」

與會的員工都笑了，他自己也笑了起來。

羅伯特透過幽默來證明他能以客觀的態度看待自己的地位，並滿懷人情味的理解，他委婉的讓員工知道：「正因為如此，我更要與你們好好一起努力，讓你們改變對我的看法。」

羅伯特的幽默無疑為自己與下屬的關係開啟了一個好的出發點。有時候，我們確實需要以幽默等有效的方式來表達人情味，給人們提供某種關懷、情感和溫暖，這就是所謂的「趣味思考法」——不要正面揭示或回答問題，而是用愉悅的、迂迴的方式揭示或回答問題。

幽默作家班奇利，在一篇文章中謙虛的談到，他花了十五年時間才發現自己沒有寫作的才能。

一位讀者來信告訴他：「你現在改行還來得及。」

班奇利回信說：「親愛的，來不及了。我已無法放棄寫作了，因為我太有名了。」

這封信後來被刊登在報紙上，被傳為笑談。

班奇利沒有指責那位直率的讀者，而是以令人愉悅的、迂迴的方式回覆了問題，既維護了讀者可愛的自尊心，也保護了自己的榮譽。

但是，當我們想藉著幽默來增進與陌生人相處的和諧時，為了取得理想的成效，一定得注意以下幾點：

✓首先，幽默必須自然而真實

我們經常看到和聽到一些精明人的幽默言行。他們多半將幽默運用得十分自如，真實而自然。沒有危言聳聽，也不譁眾取寵、更不是作戲。這是因為，他們都知道太過刻意說妙語和笑話，對個人形象的提升並無幫助。

✓其次，幽默也要有維持一定的限度

幽默既要適時，又要適當。有一些自以為是的人，他們搖頭擺尾、手勢又多又複雜。有的人智力平平，卻非要附庸風雅，企圖以成串的笑料和廉價的笑話來博得聽眾的歡心。他們硬要把自己塞進別人的肚子裡，不顧別人是不是有這個胃口。結果就是，人們只會把他們當成馬戲團的小丑。

來自墨西哥的威爾，一心想得到某俱樂部主席的位置。他在一次對俱樂部成員的演說中，表現過了頭。不到兩小時的演說過程中，他至少說了五十則笑話，並配以豐富的表情和引人發噱的手勢，把聽眾們逗得哈哈大笑。最後，在他講完最後一則笑話時，有人大喊「再來一個！」

他真的再講了一個，並再次引起哄堂大笑。但是他沒有因此當上俱樂部主席，他的得票數是候選人中的倒數第二。

當他悶悶不樂的走出俱樂部時，問了那位喊「再來一個」的聽眾：「你說我比他們差嗎？」

「不，一點也不差。」那人說：「你比他們有趣多了，你可以去當喜劇演員。」

✓最後一點，幽默是從自我解嘲開始

笑笑自己的觀念、遭遇、缺點乃至失誤，有時候還要笑笑自己的狼狽處境。如果你連自己都不敢嘲笑，你就沒有權利跟別人開玩笑。海利•福斯第說：「說笑的金科玉律是——不論你想嘲笑別人什麼，請先笑笑自己。」

笑自己的長相，或笑自己的糗事，能使你變得較有人性。如果你碰巧長得俊美漂亮，要感謝祖先的賞賜，同時也不妨讓人輕鬆一下，試著找尋自己的缺點。如果你真的沒有什麼有趣味的缺點，不妨虛構一個，缺點通常不難找到。

許多著名人物，特別是演員，都以自我解嘲來達到完滿的溝通。他們利用一般人認為並不好看的外貌特徵來開自己的玩笑。

Memo

擔心不知道如何開口？第一次見面該先說些什麼？別擔心，具有幽默感的人，一般都能與任何人相處融洽，即使是初次見面的陌生人，也能與之愉快的交談。所以，要想擁有與人快速熟悉的本領，就得從學習幽默開始。

第二章 幽默相處，維繫友情不傷和氣

幽默讓你更受朋友歡迎

在人際交往的過程中，一個幽默的人想必是最受朋友們歡迎的。在和朋友聊天交談時，不時地講一些笑話，或者幽默的談吐再加上搞笑的肢體動作，一定會讓朋友們忍俊不禁，並希望和你長期相處。

有一天，魯迅先生的幾個好朋友談起一個地方官僚，下令禁止男女同在一個學校上學、同在一個游泳池裡游泳的事。

魯迅幽默的說：「同學同泳，皮肉偶爾相碰，有男女大防，不過禁止之後，男女還是一同生活在天地間，一同呼吸著天地間的空氣。空氣從這個男人的鼻孔呼出來，被另一個女人的鼻孔吸進去了，淆亂乾坤，實在比皮肉相碰還要壞。要徹底劃清界限，不如再下一道命令，規定男女老幼，諸色人等，一律戴上防毒面具，既禁止空氣流通，又防止拋頭露面。這樣，每個人都是……喏！喏！」魯迅先生邊說邊站起來，模擬戴著防毒面具走路的樣子。朋友們笑得前仰後合。

魯迅先生正是運用幽默的表達方式，讓大家開懷一笑，同時說明了男人和女人不在一起上學，不在一起游泳是不可能的，如果直接說出來，想必大家都尷尬，但他運用了如此幽默的表達方式，效果便大不相同。

如果你想在日常交往中，給人留下良好的第一印象，就要善於運用幽默的手段。不論在別人家做客，還是在自己家待客，幽默的氣氛是每個人都需要的。當你走入室內，就要將你的幽默感表現出來。一個面帶怒容或神情抑鬱的人，永遠不會比一個面帶微笑、風趣幽默的人受歡迎。

一天，玉枝赴朋友張芸的家宴邀請，由於是初次到張芸家中做客，張芸的家人都顯得有些拘束。

玉枝見狀，幽默的說道：「張芸邀請我來時，告訴我：『妳到了之後，只需用手肘按門鈴即可。』我問她為什麼得用手肘按，她說：『妳總不至於空手來吧？』」

這句玩笑話一出口，頓時把張芸和她的家人逗得哈哈大笑。

很多人之所以討人喜歡，讓人願意與其交往，不僅只是因為他的人格特質、才華，更主要是因為他的幽默能夠活絡氣氛，讓人留下深刻的印象和美好的回憶，使得彼此之間第一次交往變成朋友之間友好的聚會。

Memo

美國學者赫伯・特魯（Dr. Herb True）告訴我們：「要運用你幽默的力量主動去和人交往，初與人接觸的一剎那，幽默就已幫你把自己的保護殼打碎了。」在現代社會中，有時人就像包裹在一個個堅硬的保護殼中，變得過於自我防備、過於執著，導致人際關係矛盾叢生。因此，當我們面臨人際關係的種種煩惱和危機時，請不要忘記邀請「幽默」為你化解煩憂。

幽默感代表著擁有從容不迫的氣度，不僅是魅力的象徵，也是最具魅力的武器，只要經常發揮幽默感，相信個人魅力一定會在不知不覺中獲得提升，最終成為受歡迎的人。

表達友善的幽默感

在與人交往、交談時，我們總以為要一開口就必須讓人印象深刻、令人驚豔，使人覺得我們好聰明、有見地且幽默，這是一種迷思。閒聊的祕訣不在於你知道什麼，而是要讓對方覺得舒服。幽默風趣更是如此，真正的幽默是細膩溫暖的，在與人相處的過程中，適當的表達善意且要讓對方感受到自己的體貼。如果能恰當的運用友善的幽默感，便能在第一時間營造出一個愉悅的交際氛圍。

在餐廳裡，一位顧客把米飯裡的砂子吐出來，一粒一粒的堆在桌上。服務生看到了很難為情，抱歉地問：「都是砂子吧？」顧客搖搖頭說：「不，也有米飯。」

在人際交往中，我們輕鬆幽默的開個友善的玩笑，可以鬆弛緊繃的神經，活絡氣氛，營造出一個輕鬆愉快的交流氛圍，因而幽默的人常常受到人們的歡迎與喜愛。但是，玩笑一旦開過了頭，幽默過了頭，效果就會適得其反。因此掌握幽默的分寸是非常重要的。

✓ 首先，友善的態度是幽默的前提

友善的幽默是感情互相交流傳遞的過程。如果總是對人冷嘲熱諷、言詞尖刻，表面上看起來你在言語方面佔了上風，但是不夠尊重他人的態度，也足以讓人不願意再和你繼續交往。

✓ 其次，要分清說話的對象

每個人的身分、性格和心情好壞，對玩笑的承受能力也會有差異。一般來說，晚輩不宜開前輩的玩笑；下級不宜開上司的玩笑；男性不宜開女性的玩笑。在同輩人之間開玩笑，也要注意對方的情緒和個性。如果對方性格外向，能寬容忍耐，玩笑尺度大點也無妨；若對方性格內向，喜歡琢磨言外之意，說話就要慎重。就算是生性開朗的人，也有心情沮喪的時候，就不能隨便開玩笑。相反的，性格內向者適逢喜事臨門時，與他開個小玩笑，友善的氛圍也會一下子蔓延開來。

✓ **最後，語言的品味也相當重要**

友善幽默的對話內容取決於幽默者的文化修養。粗俗或不雅的趣味，有時也能博人一笑，但事後往往讓人感到乏味無趣。唯有思想健康、格調高雅的幽默，才能啟迪心靈，使人如沐春風，成功塑造個人的幽默形象。

Memo

友善的幽默要精煉，要刪繁就簡、點到為止，以免難以理解，無人欣賞。因此，真正友善的幽默是詼諧而不失度，精煉而不繁冗，簡約而又得當。只有這樣，才能營造出愉悅的交際氛圍。

風趣的措辭具備絕佳說服力

嚴肅的拿出事實細說道理，說服別人的效果不一定好，即便表面上被說服了，往往也是口服心不服。有時候，運用輕鬆幽默的語言反而發揮更好的效果。幽默的人，往往更能在說服別人或者辯論時，達到讓別人啞口無言的效果。以風趣的言語說服別人接受自己的想法，不僅是幽默感的一種體現，更是智慧的展現。

戰國時代的秦國，當時的神童甘羅正在自家後花園裡玩耍時，忽然看見爺爺，也就是當朝宰相甘茂正唉聲嘆氣，似乎有什麼煩心事。懂事的甘羅便上前詢問：「爺爺，您遇到什麼麻煩了？」

爺爺說：「皇上不知聽了誰的挑撥，跟我說要吃公雞下的蛋，要是三天內找不到，大家都得受罰。孩子呀，這公雞如何下得了蛋啊！」

「皇上也不能這麼不講理啊！」甘羅氣呼呼的說。

爺爺無可奈何的搖搖頭，甘羅突然眼睛一眨，想到了一個主意，說：「爺爺您別急，我有辦法了！」爺爺半信半疑，但甘羅信心十足，並要求第二天替爺爺上朝。

第二天早上，甘羅真的替爺爺上朝了。他不慌不忙的走進宮殿，向秦王施禮。秦王見來者是一個小孩，輕視的說道：「小孩子上朝來幹什麼，叫你爺爺來！」

甘羅不急不慌的說：「回稟大王，我爺爺今天來不了，他正在家生孩子！託我替他上朝來。」

秦王一聽，哈哈大笑：「小孩子胡言亂語！男人怎麼可能生孩子呢？」

甘羅趁機回答：「既然大王知道男人不能生孩子，那公雞又怎麼能下蛋呢？」

綜觀古今名人，凡是成就大事者，無不具有幽默的細胞。他們都有崇高的理想，淵博的學識，還有一顆寬廣的心。

Memo

幽默不一定要使人捧腹大笑，也不一定要膾炙人口，有時一個小小的玩笑，就能讓別人啞口無言。

赫爾岑是俄國著名的文學家、評論家，他年輕時，有次前往一位有錢朋友家赴宴，被宴會上演奏的音樂吵得非常難受，只好用手捂住耳朵。

他的朋友見狀，連忙解釋說：「現在演奏的是流行音樂。」

「流行樂曲就一定高尚嗎？這種曲子聽了實在叫人受不了！」赫爾岑反問道。

朋友聽了很不服氣：「不高尚怎麼能流行？」

赫爾岑緊接著反駁：「那麼流行性感冒也是高尚的了？」

朋友被這一番話說得啞口無言，無從反駁。赫爾岑借用其他事物來說明道理，迂迴的表明自己的態度，不僅幽默風趣也未傷到雙方的關係。這種借機巧言的幽默方式，能以詼諧逗趣的方式，暗示事物的本質，達到明辨是非的目的，不僅能適當的調解了人與人之間的摩擦，相信在你的精湛幽默的言辭之下，其他人一定找不到辯駁之詞。

幽默是最溫和的武器

有的時候，幽默感可以使人感到心情愉快，舒坦無比；有的時候，幽默感還可以理智溫和的對抗外來的挑釁，不至於傷了和氣。

英國著名戲劇作家蕭伯納的劇作搬上舞臺，他命人送了兩張入場券給邱吉爾，並在票券背後附上一句話：「歡迎您與朋友一起前來觀賞，如果您還有朋友的話！」

邱吉爾接到入場券之後，立刻回了一句話：「謝謝你的入場券。不過，我今晚實在抽不出空來，明天我會邀請朋友一起出席，如果閣下的這齣劇能夠上演到明天的話！」

邱吉爾睿智的臨場反應，除了瓦解對方略帶攻擊、挑釁的意圖外，也充分展現了幽默的特質。

在我們的周圍總有些尋釁生事的人，搞出尷尬的場面。這時如果視而不見，難免給予人軟弱的觀感，如果這時能夠化被動為主動，以幽默的話語辛辣回應，不僅能夠讓挑釁者啞口無言，也適度的維護了自己的立場。

齊國的相國晏子，將出使楚國。楚王得知這個消息之後，便對他左右的人說：「晏嬰是非常善於言辭的齊國人，現在正動身前來楚國，我想侮辱他，用什麼辦法呢？」於是，身邊的人便給他出了個主意。

晏子來到了楚國，楚王設了酒宴來招待他。當大家酒興正濃時，兩個差人押解著一個人，來到楚王的面前。

楚王故意問道：「你們捆綁的這人，是幹什麼的？」

差人回答：「他是齊國人，犯了偷盜罪。」

楚王笑嘻嘻的望著晏子，說：「齊國的人，善於偷盜，是嗎？」

晏子起身離席，鄭重其事的回答道：「我們都知道桔樹生長在淮河以南，是桔樹；生長在淮河以北，就成了枳樹。桔樹和枳樹雖然長得很像，但它們結出的果實味道卻大不相同。桔子甜，枳子酸，這到底是為什麼呢？原因就是因為它們生長的地方的水土不同。如今，土生土長的齊國人，在齊國的時候不做賊，一到楚國就又偷又盜，莫非是因為楚國的老百姓都慣於做賊？」

楚王聽了，苦笑著說：「德才兼備的聖人，是不能同他開玩笑的，我真是自討沒趣了。」

我們難免會碰到一些無理取鬧的人，振振有詞，對自己的言行毫無警覺，該怎樣反擊這些無理取鬧的行為，讓對方覺得理虧、詞窮，無言以對呢？

Memo

巧用幽默斷其鋒芒，可以讓攻擊者啞口無言，這當然是得在幽默的前提之下，順水推舟。其次，要冷靜沉著，正中要害，讓對方當下無可辯駁。最後，還可以依據對方的攻擊性質出招。對方諷刺，就讓他「回收」諷刺；對方侮辱，便叫他自取其辱，總之，要讓攻擊者的力道與接受的反擊力成正比。

晉朝的官員劉道真，在戰亂中流離失所，無以為生，只好幫人背縴拉船維生。劉道真喜歡嘲笑別人，素來嘴不饒人。

一天他正在河邊拉縴，看見一位老婦人在一隻船上搖櫓，劉道真嘲笑她說：「女子為什麼不在家織布，跑到河裡划船？」

老婦人反唇相識道：「大丈夫為什麼不在官道上跨馬揮鞭，卻跑到河邊替人拉縴？」

還有一次，劉道真在草屋裡跟人吃飯，見到一位老婦人牽著兩個小孩從草屋前走過，三個人都穿著青衣，就嘲笑他們說：「青羊引雙羔。」

想不到這位婦人馬上回道：「兩豬共一槽。」讓劉道真無言以對。

幽默是最有效的防衛。在現代生活中，有很多事情使人手足無措、無所適從，有很多事情是通過常規方法難以解決的，當人們習於透過尋常途徑試圖解決問題時，往往會因此陷入苦惱中；透過幽默的方式，可以將自己的所有不滿和不快都融合在笑謔之中，這也是人人喜愛幽默表達的原因。

幽默的拒絕，不傷和氣

我們有時難免必須拒絕他人的請求，如何說「不」才能既達到自己的目的，又不傷害朋友之間的和氣呢？這種情況下，幽默就是最適合的工具。用幽默的語言拒絕對方，既婉轉又含蓄，且容易被接受。

用幽默的方式拒絕別人，有時可以故作神祕、深沉，然後突然點破，讓對方在毫無準備的大笑中失望。這樣的拒絕，在達到拒絕目的的同時，還能讓對方愉快地接受。

義大利音樂家羅西尼生於一七九二年二月二十九日。因為每四年才有一個閏年，所以當他過第十八個生日時，他已經七十二歲了。在他過生日的前一天，一些朋友告訴他，他們籌措了兩萬法郎，準備為他立一座紀念碑。

羅西尼聽了以後，說：「浪費錢財！那筆錢給我，我自己站在那裡好了！」

羅西尼不同意朋友們的做法，又不好直接拒絕，於是提出了一個無厘頭的想法，含蓄地拒絕了朋友們，又不會傷害朋友的好意，由此可見，幽默風趣的拒絕也是一門藝術。無論別人對你的要求是聽從還是反對，你都有權利說「不」，只有這樣，你才能顧及自己的實際情況，同時以真誠的態度面對對方。

Memo

任何拒絕，都會讓人不愉快。所以，運用幽默含蓄的方法拒絕別人，在拒絕過程中將對方逗笑，降低對方的尷尬與難堪，甚至能讓他在笑聲中忘卻被拒絕帶來的不愉快，既有效，又不至於傷害對方的面子和自尊。最後，保持寬容的態度，因為我們不知道自己的拒絕會不會讓對方暴跳如雷，如果拒絕惹怒了對方，我們要鎮定自如的應對，才不會亂了方寸而胡言亂語。

廣州的青年創辦「南中國」文學社，希望魯迅為他們的創刊號撰稿。魯迅不想寫，便說：「文章還是先由你們自己寫，我以後再寫，免得人家說魯迅來到廣州，就找青年來為自己捧場了。」

青年們說：「我們都是窮學生，如果刊物第一期銷路不好，就不一定有力量出第二期了。」

魯迅風趣又嚴肅地說：「要想刊物銷路好也很容易，你們可以寫文章罵我，罵我的刊物銷路也會好的。」

風趣幽默的話語，既能讓請求者有臺階可下，又不至於讓對方產生抗拒心理，還能堅守自己的原則。可見幽默是個很好的拒絕他人的方式，它可以在不傷害朋友的前提下，迴避那些涉及機密的問題。在面對無理或是莫名其妙的要求時，我們儘可用幽默的措辭方式來拒絕。

第三章　尷尬時刻幽默來救場

伸手不打笑臉人

當人們在面對一個幽默、風趣的人時，總會把對方想像成善良寬厚、待人寬厚、與人為善的人，所以才會有「伸手不打笑臉人」的說法。的確，當我們與別人發生了不愉快，如果看到的是對方親切的笑臉，聽到對方討好的笑語，通常就不太會計較了。

愛迪生致力於發明白熾燈泡時，有一位缺乏想像力又毫無幽默感的人取笑他：「先生，你已經失敗一千兩百次啦！」

愛迪生回答：「我的成功之處，在於發現了一千兩百種材料不適合做燈絲！」說完，他放聲大笑。這句話後來成為舉世皆知的勵志妙語。

愛迪生以笑容和幽默的態度，經營他困難重重的發明事業，他不斷激勵自己，既不為失敗而憂心忡忡，也不為世人的諷刺挖苦而感到焦慮迷惑，最終發揮了卓絕的創造力，完成了他舉世聞名的貢獻。

當我們偶然不慎失言，面對聆聽者臉色一沉的窘境時，這時不妨直率道歉：「我真是個粗俗的人，肚子裡的髒話不小心滿出來了，還請多多見原諒。」像這樣坦率的幽默自貶，可使對方怒氣全消，不再介意。當你與人爭辯，不小心過於激動，音量大了，措辭也變得火爆起來，一旦察覺對方的臉色漸漸難看了起來，也得提醒自己，趕緊幽默的自我調侃一下：「對不起，我這個人容易激動，剛才真成了一隻鬥雞了。」只要能夠真誠幽默的道歉，相信對方也能在你的玩笑之中，轉怒為喜。

幽默的人總是和顏悅色，即使受到不公平的待遇，或遭到令常人難以忍受的冤屈，也不至於破口大罵。幽默的人看似沒有脾氣，但絕不是窩囊廢，當他們遇到非難，一定會以他們獨有的寬容方式做出回擊，或許是帶一點反諷意味的自嘲。正因如此，他們往往能成為更高層次的勝利者。

幽默的作家蕭伯納，在他的新作初次上演時，受到觀眾熱烈喝采。然而，也在座的蕭伯納，卻聽到旁邊一位觀眾表示反對意見，他對這部作品的評價是：「糟透了。」

蕭伯納聽到後，對這個批評者說：「我的意見和你一樣，但是我們兩個人反對那麼多的觀眾，有什麼用呢？」

Memo

幽默絕不單純只是用來躲避麻煩、殷勤諂媚。具有幽默感的人，必定同時具備知識和機智兩方面的優勢。它的作用也不單純在於揭露，而是為了化解隔閡，並且緩解衝突。

幽默是一種高層次的智力活動，它能化解心中的怒火，讓尷尬的氣氛恢復融洽。人際互動的關係，大多數情形是平和的，即使偶有衝突，非到萬不得已，人們也不會喜歡把事態擴大。面帶笑容的幽默提醒，往往勝過費盡心思的辯解，而且能夠在這種情況下保持神志清醒，進而以輕鬆的話語調侃一番，讓不愉快的事件默默落幕。幽默的言行，在在顯示了人的控制力與優雅的人格特質。

一家飯店的衛生問題堪虞，顧客經常在用餐時發生不愉快的現象。

一次，一個顧客在吃飯時，在碗裡發現了一根頭髮，便把服務生叫來，問道：「你們餐廳是不是換新廚師了？」

服務生很詫異：「你怎麼知道的？」

顧客：「當然知道啦，平日的湯裡總有一根白頭髮，今天的碗裡是根黑頭髮。」

服務生靈機一動，脫口而出：「先生，您說的可能是以前的情況，現在我們的廚師是一位禿子。」

這位顧客非常睿智的發揮了幽默感，既向對方委婉的表達了自己對該餐廳飯菜衛生的意見，又給對方留了面子，讓店家不至於惱羞成怒。不過更絕的是餐廳的服務生，他以幽默的方式，成功的幫助自己擺脫尷尬，讓雙方在一片歡笑聲中避免了一場口舌干戈。

我們常常在錯誤的時間點發生錯誤的事情，這時應該用什麼樣的態度來面對呢？智者的答案是——幽默。適時的幽默一番，以笑臉相迎，獲得原諒應該不難。就像原本正要打架的兩個人，如果其中一方突然倒地，自認不是對手，常理之下的另一方，通常會在一瞬間好氣又好笑的敵意頓消。沒有人會為難幽默的人，即使對方有錯，人們也會在他的「笑臉」上找到原諒他的理由。

幽默是逆轉局勢的妙藥

幽默是一種內在的機智與詼諧的才華，是一種能夠輕鬆再現審美客體喜劇性的能力，是審美客體由於理性的倒錯，而產生的某種使人經過回味、咀嚼而發笑的滋味或情境。具備幽默真功夫的人，即使身處困境，也能利用幽默創造峰迴路轉的契機，從危險的境地中脫身，完善的解決問題。

一位顧客在一家有名的飯店點了一隻油氽龍蝦。但當菜端上來以後，顧客發現盤中的龍蝦少了一隻蝦螯，這一點讓顧客很不高興。

服務生滿懷歉意的說：「對不起，您是知道的，龍蝦是一種殘忍的動物。這隻龍蝦一定是在和同類打架時被咬掉了一隻螯。」

顧客巧妙的回答：「那麼請調換一下，把那隻打贏的給我。」

服務生和顧客都以幽默的表達方式，委婉的指出雙方存在的分歧。這種方式沒有嘲諷、沒有批評，既保護了餐廳的聲譽，也維護了顧客的利益。

Memo

幽默確實能夠有效的幫助我們擺脫困境，遇到急迫而又棘手的問題時，如果懂得機智應變，以幽默因應困境，相信做任何事都會越來越順利。即使是已經被惹惱的對象，也會因為聽到詼諧柔軟的語言，而打消負面念頭。

恰當的幽默有時還能幫助你擺脫一些棘手的麻煩，讓你安享快樂人生。

有這樣一個官司：一條瘋狗撲向一位農夫，農夫忍無可忍，用鋼叉打死了狗。狗的主人把農夫告到法院，要求農夫賠償他的狗。

法官說：「你要是把鋼叉倒過來，用沒有尖刺的那一頭，不就沒事了嗎？」

農夫回答道：「您說的對，法官先生，要是那條狗也是倒著向我撲過來，我當然會這樣做的！」

最後，這位農夫獲判無罪。

人生在世，不如意事十常八九，愚者自尋煩惱，智者能淡然處之，利用自己的智慧和幽默，化煩惱為樂趣。幽默具有神奇的魅力：可以使愁眉不展者笑顏逐開，也可以使淚水盈眶的人破涕為笑；可以為懶惰者帶來活力，也可以為勤奮者驅散疲憊；可以為孤僻者增添情趣，也可以使歡樂者更加愉悅。最神奇的是，它能幫助我們從尷尬的困境中脫身。

古代有一位姓鄒的官員路過一條偏僻的小巷。一名婦女正在用竹竿曬衣，一不小心，竹竿脫手，掉在了鄒大人的頭上。

鄒大人立刻大怒，瞪了婦女一眼。該婦女一看竟是鄒大人，立刻嚇得魂不附體。不過，她很快的鎮定下來，正色道：「你這副凶相，活像是個行伍出身之人，這麼蠻橫無禮。你可知道我們縣裡有個鄒大人，清廉正直，要是我告訴他老人家，怕要砍了你的腦袋！」

鄒大人聽到這名女子誇獎自己，馬上轉怒為喜，心平氣和的走了。

這名女子不小心冒犯了鄒大人，在鄒大人發火之前，即時機智從容的周旋。表面上，她是在讚美心目中的官員，實質是在指責鄒大人度量狹小，繞著彎達到了目的，還平息了鄒大人的心頭之火。

人人都可能面對各式各樣的困境和壓力，這些壓力如果無法即時緩解，將使人萎靡不振。所以，適當的幽默便顯得更加重要。它是快樂的槓桿，是生活幸福的源泉，是社交的潤滑劑，也是緩和困境和煩惱的最佳良方。如果你天生就有幽默感，請務必發揚它，因為這無疑是種優秀的特質，也是塑造成功形象和擁有美好人生的重要因素。

幽默有助於擺脫尷尬困境

幽默是機智、成熟的象徵，還能給人一種從容不迫的感受。你不必為自己缺乏幽默感而懊惱，只要掌握一個重點：含蓄而溫和的開玩笑，用幽默的暗示達到自己的目的，你也可以逐漸成為一個能巧妙化解尷尬的幽默達人。

一個富人在自家門口看到有個人騎馬經過。

富人為了找樂子，於是站在門口大聲喊：「喂！餓了吧？吃個饅頭再趕路吧！」

騎馬人以為富人是出於好意，便從馬上下來，作揖道：「謝謝您的善心！」

沒想到富人卻說道：「我沒跟你說話，我是在跟你的馬說話呢！」語畢，哈哈大笑起來。

騎馬人聞言驟然轉身，狠狠的對著馬罵道：「你這個畜生，出門的時候也不告訴我，你在這裡還有個親戚，現在倒好，有人好心好意地請你吃饅頭來了！」

富人聽了很生氣，意識到對方是在說自己，厲聲喝道：「你這是罵誰？」

騎馬人回過頭來，笑道：「莫要生氣，我沒有和你說話，我是在和我的馬說話呢！」說罷，還在馬身上狠狠的拍了兩巴掌，說道：「看你以後還敢不敢再知情不報！」

富人這時已經氣得吹鬍子瞪眼，一句話也說不出來了。

這裡的騎馬人就是運用了模仿能力，巧借教訓馬的機會，狠狠的反擊了富人的不懷好意，讓對方吃了一個啞巴虧。如果這種幽默方式運用得恰當到位的話，還能夠迅速讓對方知難而退，避免許多不必要的麻煩。

令人尷尬的場面也許人人都經歷過。當你陷入某種難堪的處境時，默不作聲、生氣以至於動怒，都無法讓你擺脫窘境，反而是一兩句機智、巧妙的話語卻可以打破沉寂，化解難堪，讓心中的不快煙消雲散。在輕鬆愉快的笑談之中暗藏斥責，往往能化難為易，讓你能夠在不露聲色之間，巧妙達成抨擊對方的目的。

Memo

偶爾我們也會遇到一些來者不善的行為，對於這樣的行為，若實在忍無可忍，可以選擇以模仿式的幽默來應對。這樣既不會顯得太過犀利，也能達到很好的反駁目的。模仿式幽默就是刻意用模仿或套用對方的行為和說話的方式，來達到反擊對方的效果。這種方式最大的好處就是簡單易行。

有幽默的地方沒有衝突

幽默能把你從凶險的衝突、怨恨的心理、粗魯的表情和一觸即發的憤怒中解救出來。例如，當別人冒犯了你時，有時應嚴肅對待，有時可以置之不理；有時只要瞪他一眼就夠了，有時則是一笑置之即可。這種一笑置之的做法，在大多數場合，可以幫助你擺脫尷尬難堪的局面，避免與人發生爭吵，又能化解自己的惱怒，使自己有臺階可下，還能同步顯示出對方的無理和卑劣。

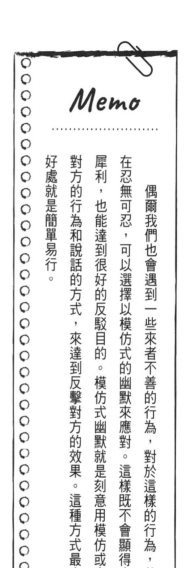

有一天，德國詩人歌德在公園裡散步。在一條只能容一人通過的小道上，他迎面遇到了一位曾經對他作品提出尖銳批評的評論家。

這位評論家高聲喊道：「我從不給傻子讓路！」

「我正好相反！」歌德一面說，一面滿臉笑容的站到一旁。

歌德的這一應對方式，在後世傳誦甚廣。他運用的幽默戰術，頗有太極拳中「以柔克剛」的味道。

你若在談話的過程中，刺傷了人家的自尊心，揭了對方的隱匿傷痕，那是非常危險的。對方如果修養好，必會緘口離席；修養差的，則會反過來對你進行人身攻擊！這時，你一定得藉幽默的方式，努力地把話說得幽默點、真誠點，讓對方心情得到緩解。

愛好打獵的齊景公，喜歡養老鷹來捉兔子。一次，燭鄒不慎讓一隻齊景公心愛的老鷹飛走了，齊景公大怒，下令把燭鄒推出去斬首示眾。

晏子知道這件事情之後，很想幫助燭鄒。

他去拜見齊景公，說：「燭鄒有三大罪狀，哪能這麼輕易殺了他？請讓我一條一條的列出來，再殺他，可以嗎？」

齊景公說：「可以。」

晏子的本意是要救燭鄒，但表面上並沒有替他說情，反而數落他的三條罪狀，彷彿要致燭鄒於死地而後快，然而事實上，反倒是這三條罪狀救了燭鄒的命。

晏子指著燭鄒的鼻子說：「燭鄒！你為大王養鳥，卻讓鳥逃走了，這是第一條罪狀；使得大王為了鳥的緣故又要殺人，這是第二條罪狀；把你殺了，天下諸侯都會怪大王『重鳥輕士』，這是第三條罪狀。」

齊景公聽畢，對晏子道：「別說了，我明白你的意思了。」

原來，晏子在救燭鄒時，並未採取單刀直入，向齊景公說情的辦法，而是另闢蹊徑，表面上是為燭鄒加重罪名，實則是為其開脫，並委婉地揭示了齊景公重鳥輕士的盲點。如此一來，既避免了說情之嫌，又救了燭鄒；既指出了齊景公的錯誤，又不丟齊景公的面子；用幽默的話語鈍化了齊景公的戾氣，令人拍案叫絕。

當你運用幽默化解衝突時，首先要在心理上先原諒對方，否則將無法發揮你的幽默感。很多人在和別人說理時，會不經意傷害他人「自尊」，從而火上澆油。如果我們能巧妙發揮幽默感，緩和矛盾、平息衝突，說話效果往往會大不相同。

羅西尼是十九世紀著名的義大利作曲家。有一次，一個作曲家帶了份七拼八湊的樂曲手稿去向他請教。

演奏過程中，羅西尼多次脫帽。

作曲家問：「是不是屋裡太熱了？」

羅西尼回答說：「不，我有見到熟人脫帽的習慣，在閣下的曲子裡，我碰到那麼多熟人，不得不連連脫帽。」

對於這位求教的作曲家七拼八湊的樂曲手稿，羅西尼顯然非常不滿，但他沒有點破對方「抄襲」、「拼湊」，而是用富幽默感的「不斷脫帽」行動和「碰到那麼多熟人」的解釋，暗示了自己的意見。這種批評雖不如直接指出那般鮮明尖銳，但它不僅活靈活現，且傳達的諷刺意味反而更加耐人尋味。

羅西尼是用含蓄曲折且幽默的方式表達了個人意見，同時展現了他幽默的風範。

幽默不僅可以幫助我們避免衝突，還有助於應付一切困境，擺脫種種煩惱。不懂幽默的人，很難懂得調節情緒的方法，從而導致其所遇到的困難會越來越多，情緒也容易低落。面對困難重重的人生，我們更該訓練培養自己的幽默感。

法拉第是近代電磁學的奠基人。但法拉第的學說問世時，理解電磁理論和廣闊用途的人不多。於是，誤解難免產生。

有一次，法拉第在完成一項電磁感應理論的演講之後，一名貴婦不明白其中的原理，但卻有意挖苦法拉第，說：「法拉第教授，你講的這些東西有什麼用處呢？」

法拉第詼諧的回答：「夫人，你能預言剛生下的嬰兒有什麼用處嗎？」

在關鍵時刻，含蓄的幽默可以避免正面衝突，以樂觀的情緒，迂迴的方式去面對困境。若法拉第正面回答問題，是很難得到承認和理解的；正面對抗，更易招致怨恨，使溝通和交流中斷；要是迴避問題，那麼他的理論將永遠無法讓人信賴。於是他選擇以一種幽默的思考方式，來啟示對方，讓對方以開闊寬容的眼光對待眼前的現實，同時也增添了自己的勇氣和信心。

Memo

運用幽默的暗示法來處理尷尬場面，既顧及了他人的面子，委婉的話語也達到了明白揭示的功能。聽者會因此知難而退，也會因為至少保留了面子，而對你感到更加欽佩與感激了。

幽默的諷刺語言不僅為展現曲折表達，還蘊含引人深思的深層的內容，使人感到言簡意賅，情感豐厚。

曾有位女士寫信給蕭伯納，信上說：「我長得漂亮，你很聰明。如果我們倆結婚，生出的孩子像我這樣漂亮，像你那樣聰明、那該有多好啊！」

蕭伯納回信道：「如果是那樣當然很好。不過，如果生出來的孩子像妳這樣聰明，像我這樣漂亮，可就令人失望了。」這話說得含蓄又巧妙，既表示自謙，又曲折委婉的拒絕了那位女士的提議。

很多時候，幽默語言之所以動人，在於言簡意賅、含蓄委婉，令人回味。若話裡把甚麼都抖落出來，便和直截說白話般，那樣內含的意味就相當有限，很難讓人回味了。

幽默可以廣泛運用於生活的各個面向，幫助我們解決困境、避免衝突。所以，聰明的處世高手，總能散發著幽默的光芒。

用幽默解決棘手問題

如果你一時口無遮攔而惹火了別人，不妨透過善意的玩笑來解決棘手問題，轉移對方關注的焦點。這樣做的好處是，能夠不露痕跡的照顧到對方的自尊心，同時巧妙的緩和緊張的氣氛。

用幽默來解決棘手問題，就是經由笑容達成人際和諧的目的，不過，幽默之中也蘊含了深沉的力量，它不但可以減輕精神壓力，縮小人與人之間的距離，彌補可能存在的鴻溝，且能將常理之下需嚴肅以對的問題，透過輕鬆的表達方式傳達給對方，使之欣然領受。

貝塔利在一家大企業的運輸部門負責文書工作。當這個公司被另一個大公司合併之後，新同事對他並不友善。而且更讓貝塔利煩心的是，自己在新公司的去留依然沉浮不定。

直到有一天，貝塔利決定主動出擊，改變自己在其他同事心中的印象，以及在公司中岌岌可危的命運。「他們可不敢把我革職。」貝塔利解釋道：「因為什麼事我都遠遠落在人後。」就這樣，貝塔利從一個簡單的玩笑開始，使他的新同事和他一起笑了起來，並幫助他建立了友善合作的共事關係。

幽默不僅能解決棘手問題，還能表達人與人之間的真誠、友愛，拉近人與人之間的距離，是和他人建立良好關係不可缺少的要素。尤其是當一個人要對你宣洩內心的不滿時，若你能運用幽默的言語，也能讓對方聽起來順耳些，進而心情舒爽。在面對緊張關係時，幽默也能使雙方從容擺脫窘境，使衝突煙消雲散。

某一天，蕭伯納獨自在街上散步，一個冒失鬼騎著自行車將他撞倒在地，幸好只是虛驚一場，蕭伯納沒有受傷。

但是騎車的年輕人卻沒有道歉的意思，於是蕭伯納故意惋惜的說：「先生，你的運氣真不好，要是把我撞死了，你就可以名揚四海啦！」

騎車的人這才認出了蕭伯納，於是連連道歉。

蕭伯納的脊椎骨長期承受著病痛折磨。在一次去醫院檢查時，醫生對蕭伯納說：「要解決您的病痛有一個辦法，就是從你身上其他部位取下一塊骨頭來代替那塊壞了的脊椎骨，……這手術很困難，我們從來沒有做過。」

醫生的意思是：這種大手術的費用非常昂貴。

蕭伯納當然明白他們的意圖，但他並沒有與醫生爭論，也沒有向院方表達自己的遲疑，而是淡淡一笑說：「好呀！不過請告訴我，你們打算付給我多少手術試驗費？」醫生聽了，頓時瞠目結舌，無話可說。

原本棘手的問題，被蕭伯納處理得極其巧妙，從而排除了不愉快與尷尬。生活中，我們經常遇到類似這樣令人難以回應的事情，就算是想盡辦法也無法順利解決，這個時候我們不如效法大師們的幽默風趣，在談笑間，將棘手的問題拋回去，讓自己平安度過難關。

Memo

在解決一些棘手的問題時，如果能保持幽默的心情，運用逆向思維，往往能夠另闢蹊徑，找到解決問題的巧妙辦法。

幽默是化解攻擊的乾坤挪移大法

有些時候，我們只是因為雙方立場的不同，而與他人產生矛盾衝突。在社交場和中，面對他人的無理取鬧，如果只是一味退讓，反而會讓對方得寸進尺；相反的，如果能用詼諧的語言來回應，反而能讓對方閉上嘴巴。

著名詩人普希金在一次舞會上邀請一位年輕的貴族小姐跳舞。可是這個高傲的貴族小姐瞧不起普希金，想要戲弄他，就說：「對不起，我不和小孩子一起跳舞。」

普希金聽了，向她笑答：「對不起，我不知道妳正懷著孩子。」普希金假裝糊塗，用幽默維護了自己的尊嚴，也回擊了對方。

對於他人的惡意攻擊，幽默的回應方式往往能取得很好的效果，並能使雙方的關係變得融洽。生活中，還有些別有用心之人，往往不懷好意的刻意語言挑釁。面對這種情況，我們不宜氣急敗壞，也不能毫無反應。輕鬆的用冷幽默反擊，不僅能確保我們的人格尊嚴，還能表現出我們的敏捷才思、寬大胸懷。

有一天，一名參加總統競選的議員來到一個村子演講。當演講進行到一半時，許多反對者到場抗議，向他投擲爛番茄。

議員面對這樣的情況，並沒有發怒或離開現場，他神態自若的擦掉身上的汙漬，笑著對農民們說：「也許我還不了解你們的困境，但若能得到你們的支持當上總統的話，我肯定有辦法解決你們農產品賣不出去的問題。」

正面對抗或者迴避挑釁，往往會使矛盾升級或溝通中斷，這時只要懂得運用幽默的手法來巧妙地化解對方的攻擊，必能使你的形象上升，大幅提升自己的好感度。

我們在遇到挑釁的時候，當然還能巧妙的避開對方的鋒芒，抓住對方話語中的漏洞加以回擊，如此不僅能躲開對方的攻擊，還能避免讓自己受到傷害。

十九世紀的美國文學家惠特曼在一次演講中，以其幽默風趣的話語吸引住了全場的觀眾。

但過程中，忽然臺下有人大聲說道：「你講的是笑話，我一點也聽不懂！」

惠特曼面對這樣的攻擊，這麼回應：「原來你是一隻長頸鹿啊！只有長頸鹿才有可能在星期一弄濕了腳，到了星期六才感覺得到！」

惠特曼在面對無理取鬧的民眾時，巧妙的運用了幽默的言語迴避對方的鋒芒，並將對方的惡意加以反擊。

Memo

當你想向對方展開攻擊並於同步揭露對方錯誤時，要留意的是，實施得稍有不慎，就很有可能惹得對方火冒三丈。所以，我們還是需要借用委婉的幽默，避免與對方發生正面衝突。

順坡下驢——幽默之中暗藏玄機

「姚氏幽默」在籃球界是出了名的。在美國選秀日的第二天，有記者問姚明「記不記得前一天是什麼日子？」姚明一臉茫然，說：「不會是我的生日吧？」在知道六年前這一天，自己成為狀元被NBA選中時，姚明順坡下驢的說：「剛才開玩笑的，這一天是我人生中的一個新起點，也算是另一個生日吧！」姚明的一句話巧妙化解了自己的尷尬，可見幽默不是漫無目的的言談，也不是譁眾取寵的手段，而是一種以「柔」制勝的武器。靈活運用幽默的藝術，將讓你受益匪淺。

順坡下驢是一種幽默的技巧，也是在說話時經常用到的幽默藝術。當你在與人交談或者工作中，受到突如其來的諷刺、攻擊或挖苦，甚至出言不遜時，如果你採取針鋒相對、正面反駁的方式反擊，往往使情形變得充滿火藥味，又顯得自己沒有雅量，這時就不妨採用「順坡下驢」的幽默藝術，以對方的話為前提，在承認對方所言有理的前提下，順勢把自己的態度表露出來。

一位外省太太，拖兒帶女去京城探望自己的丈夫。她並沒有預先通知丈夫，當丈夫開門看到她時，完全驚呆了，因為房裡的臥室床上睡著一位女人。

丈夫在驚呆之後的第一個反應，就是衝著臥室喊：「瑪麗，我忘記告訴妳，我有老婆和孩子，請妳原諒。也忘記告訴妳，現在別再躺在床上了，穿衣服起來，走吧！」

妻子並不發怒，說：「傑克，你好，我已經好長時間沒有見到你了，特別想來看看你。我忘了你曾告訴過我，你收了個乾女兒，是不是？好，現在，我也忘了告訴乾女兒，有位年輕人，可能是她的男朋友，在公園的樹下等她呢！」

丈夫說：「老婆，親愛的，妳還是那樣誠實，也還是那樣善於臨場發揮。」丈夫吻了一下妻子，妻子說：「老公呀！你說的全對，是的，我仍然善於臨場發揮，也還是那樣誠實。現在你看看懷裡抱著的小寶貝，像你嗎？我忘了告訴你這是你哪個朋友的骨肉，我是哪位我也忘了……」

這則幽默，也是典型的「順坡下驢」。妻子在反擊丈夫時，一律採用丈夫的「忘了告訴……」句型，同時借助丈夫誇獎的話端，展開自己的話語，對丈夫進行幽默的攻擊。

Memo

在運用這種幽默的藝術時，切勿採取過於激烈的言辭，否則結果只會適得其反，造成更大的尷尬與衝突。

兩名互為情敵的女人在一個公共場所不期而遇。這兩人對峙了一會兒，都沒有離開的意思。其中一位，向旁人打聽一個地點，由於音量大了些，對方聽了乘機發動攻勢。

「沒看到牆上貼著『禁止喧嘩』嗎？真是沒品！」

聽到情敵鋒芒畢露的言辭攻擊，這位女人微微一笑，說：「小姐，我是沒品，那麼請您這個文明人遵守秩序，講公德心！」

「我怎麼啦？」這位女士有些憤怒，「請妳把話說清楚！」

「好。我已經把話說得夠清楚了。是不是還需要我再重複一遍？好，我就重複一遍。您沒有看到垃圾筒嗎？怎麼在這裡嗑瓜子亂扔瓜果皮核？是的，我因為打聽一個地點就顯得沒品了，沒品我承認，但我也要提醒某些人，要講求公德心，注意別滿口髒話！」

兩個情敵，其中之一順著對方的語氣，承認自己「沒品」，她不去為自己辯解，不去正面回擊，緊接著抓住對方在吃瓜子的細節進行反擊。這種反擊是迂迴包抄，使對方猝不及防。

我們也經常遇到這樣難以搞定的事，此時切勿驚慌失措，也不要因此針鋒相對，說出難聽的話，否則結果只會使狀況變得更加惡劣。如果你是個聰明人，不妨學習「順坡下驢」的幽默技巧，面對這樣的場合，稍一借勢就能立刻將自己從水深火熱中順利「救」出來，同時還能避免更大的爭端發生。

「順坡下驢」的幽默藝術看似很普通，表面上看起來像是在製造笑料，緩解了緊張的氣氛，實際上「順坡下驢」的幽默裡字字珠璣，暗藏玄機，讓對方無力反駁，知難而退。

第四章　幽默應酬融洽人脈

借助笑話活絡宴席的氣氛

很多時候，我們會與朋友、同事或客戶聚餐應酬。在這種場合下，大家都摘下了面具，淑女不再矜持，紳士不再君子，大家妙語如珠，美女豪爽、帥男豪放，氣氛被推到高潮，酒是一杯又一杯，彼此拉近了距離又拉近了感情。這是酒宴之中的最佳境界，活洛了氣氛，達成了聚餐的目的，賓主盡歡，說的就是這樣的氣氛。

試想，如果一幫人聚在一起吃飯，此時若沒有談笑、笑話做調劑，大家聚在一起，談古論今，正經得像在做學術報告，是不是很累？你樂意參加這樣的聚會嗎？這種時候，借助笑話就能立馬達到活絡氣氛的目的，讓大家在開懷一笑中感受聚會的樂趣。

飯局上，小劉酒量不行，要他喝酒不喝，最後他說：「乾脆給你們講個冷笑話吧。」大家說也行。

小劉說：「碧海藍天，銀色沙灘，一隻螞蟻行經沙灘，留下的痕跡卻是一條線，為什麼？」

大夥眾說紛紜，有的說「此螞蟻只有一條腿」，有的說：「因為螞蟻很輕。」都被小劉一一否定。

小劉說：「這隻螞蟻騎自行車過去的。」大夥立刻被凍僵！

然後小劉又說：「碧海藍天，銀色沙灘，小兔子從沙灘上玩夠了，跑回家去，口渴難耐，準備衝到冰箱前，拿出一罐胡蘿蔔汁喝，可是還沒打開冰箱門，牠就知道裡面有螞蟻，十分氣憤，為什麼？」

大夥又不知道，有個同事說：「肯定是西門子的一款冰箱，門兒是透明的。」被大夥一頓糟蹋。

小劉說：「螞蟻的自行車在冰箱門口停著呢！」大夥又被凍僵！

這時候氣氛就亂了，大家不喝酒了，都嚷著要講冷笑話。

現在人們的生活條件日漸寬裕，一班朋友喝酒聊天，變成時尚的溝通手段。有酒無餚難下箸，然而，菜餚之外，作為人類，總不能只過著動物般的物質生活，還得有一些自身關於吃飯的精神特質。於是，酒桌上的笑話段子，就成了司空見慣的平常事。大家你一言、我一語，以幽默的方式，展示我們的生活感悟，哈哈一笑，倒不失為調劑生活緊張壓力的靈丹妙藥。

同事到外地出差，當地人熱情好客，當晚便在一特色飯店的包廂為他設宴接風。男男女女十幾個人落座後便聊個沒完，只有一個人在點菜。點好了，徵求大夥兒意見：「菜點好了，有沒有要加的？」

這種情況，在北京一般是讓服務生把點過的菜名報一遍。於是一位北京的哥們兒說：「小姐，報報。」

女服務生看了他一眼，沒有動靜。

「小姐，報一下！」哥們兒有點兒急了。

只見女服務生臉漲得通紅，還是沒動靜。

「怎麼著？讓妳報一下沒聽見？」哥們真急了。

一位女同事趕緊打圓場：「小姐，妳就趕緊挨個兒報一下吧，啊。」

女服務生囁嚅著問：「那，那……就抱女的，不抱男的行嗎？」

「噗！」邊上一位女同事剛喝的一大口茶全噴到桌上身上，十幾個人笑做一團，女服務生更是不知所措。

在溝通過程中善於創造幽默的氣氛，能使雙方在笑聲中縮短心理距離，消除戒備，體現寬容，使人與人在相處時感情更融洽。適當的幽默可以在酒桌上助興，讓眾人心情愉悅，可若未掌握好說話的分寸，就可能乍看幽默，實則敗壞眾人的興致。所以，講笑話也要具備機敏和才智，不要不經大腦張口就來，否則只能演變成適得其反的效果。

酒過三句，上來一道菜：「清燉王八！」

眾人皆喜，但因有老闆在，於是有人以筷子撥王八頭曰：「老闆動動，老闆動動！」（實為好意請長官先動筷子。）

老闆看著被撥得亂顫的鱉頭，心中不悅，既不願詣了此言的尾音，又不願違了眾人美意，於是乎持勺酌湯，曰：「好，好！現在大家請隨意。」

又有人奉承曰：「對，王八就該喝湯！」老闆氣得幾乎噴飯。

未幾，湯將盡，有一圓圓的物體浮出，問：「小姐，這是什麼？」

女服務生答：「是王八蛋。」

眾人又驚喜：「老闆先吃，老闆先吃！」

這次老闆沒聽到「晦氣」之言，甚悅，喚女服務生：「給大家分分！」

良久，女服務生不動，老闆怒問：「怎麼，這也分不清楚嗎？」

女服務生為難的說：「七個人，六個王八蛋，您叫我怎麼分啊？」

眾人聽罷，個個伸脖瞪眼，滿口美食，難以下嚥。

酒桌上可以顯示出一個人的才華、常識、修養和交際風度，有時一句詼諧幽默的言語，能給客人留下深刻印象，使人無形中對你產生好感。所以，該當知道什麼時候該說什麼話，言語得當，才能達到詼諧幽默的境界。

Memo

不是多參加宴會就能交到朋友，也不是一起喝過酒就算有了交情。要想真正把一個陌生人變成好朋友，就要讓對方在宴會中體會到開懷暢飲的快樂。也就是說，只有真正用你風趣詼諧的態度去感動他，才能讓他真心願意結交你這個朋友。

具有新意的恭維話

某君是拍馬屁專家，連閻王都知道他的大名。死後閻王見到他，拍案大怒：「我最恨你這種馬屁精。」

馬屁精連忙叩頭回道：「雖然世人都愛被拍馬屁，但閻王您公正廉明，誰敢拍您的馬屁？」

閻王聽了，連說：「是啊，諒你也不敢拍我的馬屁！」

每個人都樂意聽好話，只要你恭維得有分寸，不流於諂媚，不傷人格，定能博人歡心。

如果今天一大早就有人誇你「衣著得體，非常漂亮，有精神」，那麼你一天的學習、工作狀態一定很好吧。有時小小的一句讚美便可以引起很大的作用，能迅速拉近人與人之間的距離，得到別人的好感，也可以給他人信心、愉悅。

清朝的李鴻章，位高權重，文武百官都想討他歡心，以期獲得他的提攜，能升個一官半職，也好光宗耀祖。這一年，李大人的夫人要過五十大壽，這自然是個送禮的大好時機，壽辰未到，滿朝文武早已開始行動了，生怕自己落於人後。

消息傳到了合肥知縣那裡，這位知縣也想送禮，因為李鴻章祖籍合肥，這可是結攀李大人的絕佳時機。無奈小小的一個知縣囊中羞澀，禮送少了等於沒送；送多了吧，又送不起，這下可把知縣愁壞了。他思來想去拿不定主意，於是請師爺前來商量。

師爺看透了知縣的心思，滿不在乎的說：「這還不好辦，交給我了。保準您一兩銀子也不花，而且送的禮品還能讓李大人刮目相看。」

「是嗎？快說，送什麼禮物？」知縣大喜過望，笑成了一朵花。

「一副壽聯即可。」

「壽聯？這，能行嗎？」

師爺看到知縣還有疑慮，便安慰他：「您儘管放心，此事包在我身上。包您從此飛黃騰達。這壽聯由我來寫，請您親自送去，讓大人過目，不能疏忽。」

知縣滿口答應。

於是第二天，知縣帶著師爺寫好的對聯上路了。他晝夜兼程趕到北京，等到祝壽這一日，知縣報了姓名來到李鴻章面前，朝下一跪：「卑職合肥知縣，前來給夫人祝壽！」

李鴻章看都沒看他一眼，隨口命人給他沏茶看座，因為來他這裡的都是朝廷重臣，區區一個七品知縣，李鴻章哪能看在眼裡。

知縣連忙取出壽聯，雙手奉上。

李鴻章順手接過，打開上聯：

「三月庚辰之前五十大壽。」

李鴻章心想：這叫什麼句子？天下誰人不知我夫人是二月的生日，這「三月庚辰之前」豈不是廢話。於是，李鴻章又打開了下聯：

「兩宮太后以下一品夫人。」

「兩宮」指當時的慈安、慈禧，李鴻章見「兩宮」字樣，不敢怠慢，連忙跪了下來，命家人擺好香案，將此聯懸掛在《麻姑上壽圖》的兩邊。

這副對聯深得李鴻章的賞識，自然對合肥知縣另眼相待，稱讚有加，而這位知縣也因此官運亨通了。

誇獎別人時，應有一種「戰無不勝」的信心。人都是有弱點的，再謙虛，再不近人情，再怎麼標榜不愛聽甜言蜜語的人，其實都喜歡別人的恭維，只要恰如其分。

恭維人的話不能過多，多了對方會不自在，覺得你是虛情假意、逢場作戲，因此而不信任你。恭維過多也不利於交談，在談話中頻頻誇對方「好聰明」、「好有能力」，對方頻頻表示客氣，往往使談話無法順利進行。

Memo

恭維他人先得選好恭維的話題，而且要有新意。別總是空洞的誇對方「好可愛」、「好聰明」，應當有自己獨特的看法與見地。誇別人這件衣服好看，不如誇她上衣與裙子搭配得非常巧妙，整體看起來非常舒服。例如：有一頭秀髮的女孩最常聽到的恭維話是「妳的頭髮好漂亮！」如果你改說「妳的一頭烏髮配上一雙明亮的眼睛，真是太吸引人了！」就很有新意。

對交談者給予恰如其分的誇獎，則受之者會流露出喜悅神情，但恭維切勿過於直截了當，要讓對方覺得你的主要目的不是恭維，這樣別人更容易相信你的恭維。恭維對方的成果或收穫會是比較容易被接受的。與其恭維對方的容貌，不如恭維對方的品味和能力。因為品味和能力是後天培養出來的，而容貌卻是父母給的，不是自己的努力成果。例如說「你的身材很好」，就不如說「你的穿著非常得體」。

在對方想聽到恭維話時，請盡其所能，不要讓他失望。例如：你的朋友對你說：「我昨天買的一套西裝，你看怎麼樣？」這時就算你覺得不以為然，也千萬別說「不怎麼樣」。你應該說：「難怪你一進來，我就覺得你今天怎麼特別有精神。」

姓名也可以是恭維的話題。如果別人剛剛介紹你認識對方，這時你不妨恭維一下對方的姓名，這樣會讓對方覺得你對他很感興趣。不說話也可以表現恭維之意，只要眼光注視對方，流露出正在傾聽對方講話的表情，也讓對方感受到自己的重要性，這是「無聲勝有聲」式的恭維。

應酬話有很多種，只要大家在生活中留心觀察，細心揣摩，就能掌握要領。留心對方的反應，當對方聽到你的恭維顯得不自在或不耐煩時，就別再說下去了，否則只會適得其反。

適度調侃，讓對方平息怒火

生活中，常常會有不愉快的事情發生。當矛盾出現時，有的人是互相謾罵，絕不認輸；有的人是採取冷處理的方式，不管是誰，從此不相往來。不管是前者還是後者，對我們處理人際關係都是非常不利的，此時最佳的方式便是幽默調侃，不僅能在笑聲中解決問題，還能在笑聲中平息雙方的怒火。

在平常的生活中，相信大家都難免誤觸他人的禁忌，而且很多時候都是無心的。如果你能在朋友生氣時，懂得借助輕鬆的笑料，就能快速讓朋友轉怒為喜，讓不愉快的氣氛煙消雲散。

一九四三年二月五日，小羅斯福總統誠請巴魯克擔任戰時生產署署長，於是寫了一封非常誠懇的信，派物價管理署署長詹姆斯·伯恩斯送去了。巴魯克本想拒絕，但經過一天的思考，巴魯克決定前去就職。

三天後，巴魯克到達了白宮，準備向總統報到。

但巴魯克在總統候客室裡先見到的人卻是羅森曼，他是總統的智囊人物。而更讓巴魯克意想不到的是，羅森曼的第一句話即是「總統忽然改變了主意」。當他聽到此一消息時，巴魯克的心情是可想而知的。他怒不可遏，但就在他要發作之前，總統的祕書已經站在門口，說：「總統請巴魯克先生進去。」

巴魯克本來做好了要興師問罪的打算，但小羅斯福見到巴魯克後，壓根不提聘任之事。他滔滔不絕的說著，讓巴魯克的滿腔怒火沒有機會發洩。

「巴魯克，你聽說過白宮裡有鬼的傳聞嗎？我的女傭梅姬曾說，她確實在我的寢室內見到鬼，而且她肯定這個『鬼』就是林肯總統。雖然我本人在白宮裡沒有見過鬼，但這些年，我的確在白宮裡見過許多有趣的事。

「有位來自俄國的首席代表，他帶了一名年輕的警衛到白宮來。我們把那名年輕的警衛安排在俄國首席代表寢室對面的一個房間裡。當晚十二點後，白宮警衛隊長遇到一個情況，必須告知俄國首席代表的警衛，白宮警衛隊長就到那位警衛官的門口敲門，當聽到房內回答：『請進。』白宮的警衛隊長才推門而入，但只看見昏暗的燈光下，站著一位亭亭玉立且一絲不掛的妙齡女郎。

「非常老實的白宮警衛隊長一見此狀，馬上拔腿就跑，一口氣跑到樓梯口，驚魂未定地摔下了樓梯，幸虧白宮樓梯上鋪有一寸厚的地毯，所以他並沒有跌傷。

「在俄國的首席代表訪問白宮後不久，宋美齡也從中國來訪問白宮。宋美齡也帶了一名年輕的少校祕書。有一次，少校祕書在白宮上女廁所，但廁所內已有一女郎，她看到這位少校，嚇得尖叫起來，聲音響徹了整個白宮。幸虧那少校祕書也懂得幾句英文，她馬上開口安撫道：『別害怕，我也是一個女生。』

「原來，這位著男裝的祕書其實是一名女子，是財政部長孔祥熙的二小姐，過繼給宋美齡，穿著男裝，並改稱為孔二少爺。

「這兩件事也許還不算太有趣，最有趣的還是我親眼見到的。去年國慶日，白宮舉辦的招待會，很多人都參加了，當然，我也不能缺席。我坐在轉椅上，各國挽著自己夫人的使節列隊向我走來，魚貫的上前與我握手。就在使節夫婦的隊伍緩緩前進時，我忽然看見一位大使夫人的內褲居然從裙子裡掉了下來。

「原來大使夫人的內褲鬆緊帶斷了，內褲竟然從大腿一直滑到腳尖。更有趣的是，這位夫人處變不驚，若無其事地把兩腳從內褲中跨出來後，繼續向我走來。此後，白宮裡一位黑人侍者也很有趣，他見發生這種情況，也若無其事地托了一個空盤，走到內褲前面，撿起內褲，往空盤內一丟，好像是收餐巾一樣。當時，我們大家都佩服這位黑人侍者對此事的處理態度。」

講到這裡，總統的祕書進來說：邱吉爾首相來了電話，正等著總統，於是巴魯克不得不告辭。勉強克制住怒火的巴魯克，一開始勉為其難的聽著，到後來居然聽得閃了神，最後，奇特與可笑的情節竟然使巴魯克的怒火全部煙消雲散，巴魯克就任戰時生產署署長的鬧劇就此結束。

本來欲向總統興師問罪的巴魯克卻在總統一連串詼諧幽默的笑話中，將怒火熄滅了。小羅斯福深知一鼓作氣的道理，避開了巴魯克的鋒芒，使他沒有機會發怒，然後再用輕鬆的笑料來中和了他的怒火，使一場巨大的風波變得風平浪靜，甚至可以說，消失於無形了。

Memo

一個人在盛怒之下是很難接受他人說理或道歉的，此時，若你能藉由一些有趣的事情轉移對方的注意力，以輕鬆愉快的調侃話語來緩和雙方劍拔弩張的氣氛，這將無疑是平息對方怒火的最好方式。

「天真式幽默」最受歡迎

在處理人際關係時，幽默是不可或缺的潤滑劑。幽默能使兩個陌生人在一瞬間變得熟悉，能為良好的關係錦上添花，更能使尷尬的關係煙消雲散。有時，我們確實需要以幽默並有效的方式來表達人情味，提供人們關懷、情感和溫暖，也就是所謂的「趣味思考法」——不要正面揭示問題解答，而是用愉悅的、迂迴的方式。想想孩子，他們勾起了我們的幽默感，我們也經常為孩子們的天真的幽默所感動。

為什麼小孩讓人覺得可愛呢？原因之一就是他們天真無邪。隨著年齡的增長和心理上的成熟，天真的表現便漸漸消失。在人際交流裡，也有一種「天真式幽默」，能為人增添力量，提升魅力。

有一次，李卡克在家裡請幾位朋友吃飯。朋友抵達後，李卡克叫小女兒跟客人說幾句歡迎詞。

小女兒不願意，說：「我不知道要說些什麼話。」這時一位來做客的朋友建議：「妳聽到媽媽說什麼，妳就說什麼好了。」

李卡克的女兒點點頭，說：「老天！我們為什麼要花錢請客？我們的錢都流到哪兒去了？」

朋友們大笑起來，連李卡克的妻子也不好意思的笑了。

這就是孩童式的幽默。女兒把母親的想法以極純真的方式說出來，使大人們也不得不認真的檢討一下自己，同時也減輕了父母對金錢方面的憂慮。

美國前總統、共和黨籍政治家隆納・雷根在一九八一年走馬上任後不久，就遭到槍擊而受重傷。雷根在治療時，向醫院的醫生們提出了要求，他說：「請向我保證，你們都是共和黨籍。」

他對夫人南茜談到這件九死一生、倖免於難的事件時，幽默的說道：「親愛的，我當時像鴨子一樣突然紮入水中。」在極其艱難的情況下，雷根總統表現出天真的幽默，使他深深受到美國人民的愛戴，甚至原本不支持他的民眾也對此稱慕。在這裡，雷根的天真之舉，不但沒有黑了自己，反能使他面上增光，讓人感受到雷根的豁達、謙遜、無畏和信心。

天真式幽默，就是從大人嘴裡說出小孩子的話。因為如此，才成為幽默；因為如此，才會產生神奇功效。具體而言，在成人世界的交際中，天真式幽默有哪些功效呢？它具有幽默的一切作用，在給人帶來笑聲的同時，也帶來了不可思議的功效。除了以上事例中表達的爭取優勢、應付難題之外，其他的功效還有：

✓ 消除煩惱

天真式幽默，能夠緩解人們的緊張情緒。

一個男人去買了一把鎖，別人問他鎖怎麼樣？

他並沒有正面回答鎖多少錢、鑰匙幾把，而是煞有其事的說：「今天運氣真好，我問售貨員鎖多少錢，她說十五元，我付了錢打開一看，裡面還有三把鑰匙呢！他忘了跟我收鑰匙錢了。」把聽到的人逗得哈哈大笑。

✓消除戒心

天真式幽默就是率直的表現出小孩子們那種似懂非懂，半會不會卻又認認真真、誠誠懇懇的形象，正因為如此，人們才會開懷暢笑，使之成為幽默；人們才會消除戒心，拉近人際之間的心理距離，試想誰會對小孩子存有戒心呢？

卓別林帶著一筆鉅款外出，半路上遇到一個強盜，以槍威逼他交出錢財。卓別林先口頭答應了，然後懇求道：「幫個小忙，在我帽子上打兩槍吧！這樣回去好向主人交待。」

強盜笑了，心想：「這個傻瓜簡直就是個小孩子。」於是，強盜朝他帽子上開了兩槍。

卓別林又說：「請再朝我衣襟上打兩個洞吧！」

強盜大笑著，一邊扯著卓別林的衣襟一邊嘟囔著：「我打它八個洞。」

這時卓別林又央求強盜朝他褲腳上打幾槍：「這樣更逼真，主人就不會不信了。」

強盜笑得前仰後合，拿起槍對著褲腳……可是強盜連扣幾下扳機，竟不見響，原來子彈沒有了。

卓別林見狀，趕緊提起錢包跳上車，飛也似地逃跑了。

「打兩個洞，好向主人交待」是孩子們的思維。卓別林急中生智，說出了這幾句天真的幽默，使強盜丟掉了戒心，最後才能化險為夷。

✓ 改正缺點

天真式幽默，能讓對方笑後反思，進而達到溝通情感、潛移默化的效果。

一對小倆口出去散步，看見石桌上有一隻又肥又大的貓。

先生對妻子說：「妳說，這是公貓，還是母貓？」

妻子笑了笑，不知怎麼回答。

這時，先生做出判斷：「我知道，這隻貓是公貓。」

「為什麼？」妻子不解的問。

先生回答：「剛才我狠狠的擰了牠一下，可牠不叫也不蹦，只是垂著腦袋，一聲不吭。」

妻子忍不住哈哈大笑起來，轉念一想：「我不就是經常擰丈夫嗎？」她頓時覺得非常羞愧，從此下決心改掉這個毛病。

✓化解尷尬

一句得體的天真幽默，能使人際交往在互動輕鬆、愉快的氣氛中順利進行。

一位女主人在招待賓客時，突然聞到一股刺鼻臭味，原來，丈夫正在換拖鞋。女主人不由得怒斥：「快滾，令人噁心！」賓客聞言頓時全場震驚，鴉雀無聲，女主人也立覺失言。

這時，一臉緋紅的丈夫靈機一動，故作神秘的說：「小聲點，客人可能嗅不到。」

於是，滿堂笑聲，一場尷尬就這樣隨之化解了。

Memo

如孩子般的天真幽默很風趣，很逗人，但在運用時，要注意到語言的火候，必須讓周遭的人確信你是刻意在製造笑料。不然的話，說出半傻不傻的話，不僅製造不了笑料，反而會成為他人的笑柄。

第二篇

擁有幽默力，讓你更有利

職場有時也需要笑聲的調劑。幽默感能夠潤滑職場嚴肅的氣氛，幽默的表達你的觀點，幽默的教導和批評下屬，和同事開個小玩笑等。這些都能夠成為你步步高升的助力。

第五章 運用幽默感輕鬆通過面試

以幽默感調節緊張氣氛

大多數人剛進入面試場所時，多少會有些緊張，也有不少有能力、有才華的人因緊張表現失常，而痛失機會。對於面試官來說，緊張慌亂的應聘者，意味著在工作中缺乏信心。此時，如果你善於表達幽默感，可以在此加以發揮。幽默可以說是一種優美的、健康的品質；幽默也是人與人之間的潤滑劑，是一個敏銳的心靈在精神飽滿、神氣洋溢時的自然流露，人人都喜歡有幽默感的人。

有一次，鄭志浩應徵一個炙手可熱的職位，簡歷寄去大約兩星期之後，他收到對方「抱歉！未能錄用」的電子郵件。

鄭志浩在這樣的情況下，決定採取幽默的方式再次爭取。他回了一封信：「既然您對未能錄用我如此遺憾，為什麼不給我一次面試的機會呢？」不知是不是這封信起了作用，後來鄭志浩得到了另一個更佳職位的面試機會——報社的採訪編輯人員。

在面試的十人中，無論從學歷，或是所學專業來看，鄭志浩都處於下風，他唯一的優勢，就是鄭志浩有從業經驗——在中學主辦過校報。

接到面試通知後，鄭志浩大量閱讀該公司的報紙，琢磨了辦報的風格、特色、定位，以及主要專欄等等，做到心中有數。鄭志浩還記下了一串常在報紙上出現的編輯、記者的名字。

參加面試時，鄭志浩發現面試主考官竟然多達八位。第一個問題是常規性的自我介紹。第二個問題是「你經常看我們的報紙嗎？你對我們的報紙有多少了解？」鄭志浩便把自己對這份報紙的認識，包括它辦報的風格、特色、定位、不足等全部說了出來。

最後鄭志浩說：「我還了解咱們報紙許多編輯、記者的行文風格。例如，某某老師消息寫得簡潔明瞭；某某老師善於通訊寫作；某某老師文風清新自然；某某老師說理縝密流暢……雖然我與他們並不相識，但文如其人，我經常讀他們的文章，也算與他們相識了。」鄭志浩注意到，許多主考官露出了會心的微笑。後來，鄭志浩才了解到，他提到的許多老師就是當時在場的主考官。

第三個問題是「談談你的優勢與不足」。

鄭志浩說：「我的優勢是有過兩年的辦報經驗，並且深愛著報業這一行。拿起一張報紙，我總不自覺的開始挑錯：題目顯得累贅，哪個詞用得不合適，哪個錯字沒有校對出來；版面設計不合理，碰了題、通欄了……甚至有時上廁所，也忍不住撿起地上的爛報紙看……」聽到這裡，評委們不約而同的笑了。

面試結束的時候，鄭志浩把自己主辦的校報挑了幾份分發給各位主考官，請他們翻一翻，希望能給他提出些寶貴意見，並說：「權當給我們學校做個廣告。」主考官們聽到又笑了。

最終，鄭志浩幸運的被錄用了。事後鄭志浩了解到，一開始自己並不被看好，然而其他參加面試的人回答問題過於「正統」和「死板」，正是鄭志浩的靈活與幽默，讓挑剔的主考官們覺得他更適合幹記者這一行。於是，不起眼的鄭志浩脫穎而出。

§ § §

鄭志浩的一位同學在面試時，老闆問他：「評價一下羅納度和喬丹，看看哪個更厲害。」

「我覺得他倆都沒我厲害！」他很是得意的說。

「啊？」老闆聽了一頭霧水。

「我要跟羅納度打籃球，跟喬丹踢足球，看看誰比較厲害！」

他的回答不僅幽默，而且很富哲理，後來他果真被老闆錄用了。

§ § §

鄭志浩的另一位女同學，在一次電視臺主持人面試中，考官問她：「三綱五常中的『三綱』指什麼？」

這名女生答道：「臣為君綱，子為父綱，妻為夫綱。」她剛好把三者關係顛倒了，引起哄堂大笑。可她鎮定自若，幽默的說：「我指的是新『三綱』，我們國家人民當家作主，上司是人民的公僕，當然是『臣為君綱』；計畫生育產生了大量的『小皇帝』，這不是『子為父綱』嗎？現如今，妻子的權利逐漸升級，『妻管嚴』、『模範丈夫』流行，豈不是『妻為夫綱』嗎？」

這位女生機敏幽默的回答，顯示了她的口才與智慧，顯示了她競爭的實力，最終她順利通過了面試。

面試中展現幽默感可以說是自信的表現，也能呈現出人際關係的練達。也可以說，哪裡有幽默感，哪裡就會有活絡的氣氛；哪裡有幽默感，哪裡就有笑聲和成功的喜悅。為此，在非常嚴肅、緊張、關乎前途的面試時，不妨來點幽默，不僅可以讓自己放鬆，也能讓主考官記住你，還有助於幫助你在面試中脫穎而出。

巧妙避開敏感問題

「能否描述一下你離開前公司的原因？」這類問題在面試時經常會被問及，回答一定要謹慎權衡，因為一旦你的回答有所偏失，即使所說的是事實，恐怕也難以贏得面試官的認同。

沈亦洋在某廣告公司工作三年多，業務上是一把好手。但因與上司長期不和，三年後終於忍無可忍，選擇了跳槽。在朋友的推薦下，沈亦洋面試了好幾間企業。無一例外的，面試人員都問到了跳槽的原因。剛開始，沈亦洋直言相告，卻都沒能應徵成功。朋友打探後告訴沈亦洋，對方覺得他業務能力不錯，但「與上司不和」這一點，卻使對方一票否決了沈亦洋——無法搞定上司，可見不會處理人際關係。

於是，沈亦洋吸取教訓，將離職原因改為「收入太低」，應徵的幾間公司仍不敢錄取他。朋友打聽後告訴沈亦洋，對方怕被他當作騎驢找馬的單位，一有更好的單位挖角，他就可能會再次跳槽。

沈亦洋煩惱的說：「『為什麼跳槽』真是個難解的謎，怎麼回答，都有可能被公司抓『小辮子』。」

面試時該如何回答離職原因呢？其實，無論你的真實原因是什麼，說出來都有可能會成為不被錄取的「把柄」，幽默一下，一笑帶過，才是真正聰明的面試者。

宋子煒是一個外商業務，在年底的十二月份被公司無情辭退。此後數月，宋子煒上網不斷投遞簡歷，終於在翌年三月初獲得了一間同業的青睞。

面試時，主考官說：「首先十分感謝你來我們公司面試，請你自我介紹一下！」

宋子煒說：「我曾在一家外商從事了兩年的銷售工作，累積了不少的相關工作經驗，希望能獲得在貴公司服務的機會。」

面試主考官：「請你談談你離職的原因。」

宋子煒：「現在經濟大環境不好，企業面臨經營困難，進行了人事調整，所以我被裁員了。」

面試主考官：「請問你上一間公司有多少員工？」

宋子煒：「一百五十人左右。」

面試主考官：「公司裁了多少人？」

宋子煒：「三分之一，而且我所在的銷售部門被裁得只剩下一位部門經理了。」

宋子煒本以為自己如實的說出離職原因會爭取到「誠實分」，而且他還用「銷售部門被裁得只剩下一位部門經理了」來證明自己沒有過錯，但最終這間公司還是以「當前經濟不景氣，你可能無法轉化工作壓力」為由沒有錄取他。

宋子煒從這次的面試中學習到：下一次面試中，再涉及此類問題，他不再據實回答。

面試主考官：「在你以往的銷售工作中，最成功的推銷經歷是什麼？」

宋子煒：「銷售我自己。」

面試主考官眼睛一亮，接著問：「那你為何離職？」

宋子煒：「待在原崗位上的人的理由都是一樣的，而選擇離開的人的理由各不相同。關於我離職的理由，相信閱人無數的您也略知一二，就不用我多說了！」

考官聽了宋子煒的說辭，笑得合不攏嘴，並且說自己與宋子煒相見恨晚，馬上邀請他第二天就來上班。

曾有調查表明，目前在面試中常見的離職原因包括：人際關係不好處理、收入不合期望、與上司相處不好、工作壓力大等。但從企業招聘方來看，這些原因都或多或少包含求職者本身的因素，可能影響將來的工作發揮，如與同事及客戶的人際關係、薪水問題、不能承受競爭等，因此不建議「跳槽」求職者採用此類原因。像「大鍋飯」阻礙了發揮、上班路途太長、專業不匹配、結婚、生病、休假等人們都可以理解的因素，是盡可以誠實說明的。

還有些因素談起來就要很慎重了，比如：

批評上司有問題。既然是處在社會中，就得和各式各樣的人打交道。假如你挑剔上司，說明你缺乏工作上的適應性，那麼，很難想像你在遇到客戶或與部門有關係的人時會不會憑好惡行事。

適應不了太大的工作壓力、競爭過於激烈。隨著市場化程度的提高，無論是在企業內部還是在同行之間，競爭都日益激烈，需要員工能適應環境並做好本職工作。現代企業生產是快節奏的，企業中的各色人等皆處於高強度的工作生存狀態下，有的公司在徵人啟事上乾脆直言相告，要求應徵者能在壓力下完成工作，這是越來越明顯的趨向。

人際關係不良。現代企業講求團隊精神，要求所有成員都能有與別人合作的能力，你對人際關係的膽怯和避諱，可能會被認為是心理狀況不佳，處於憂鬱焦躁孤獨的心境之中，從而妨礙了你的從業取向。

不滿意收入太低。這樣回答會使對方認為你是單純為了收入取向，很計較個人得失，並且會把「如果有更高的收入，會毫不猶豫地跳槽而去」的這種觀念形成對你的思維定勢。

藉口主管頻頻換人。工作時間，你只管做自己的事，主管層級中的變動與你的工作應該是沒有直接關係的。你對此過於敏感，也表現了你的不成熟和個人角色的不明確。

抱怨分配不公平。現在企業中實行效益薪金、浮動工資制度是很普遍的，旨在用物質刺激手段提高業績和效率；同時，很多單位都開始了員工收入保密的措施。如果你在面試時將此作為離開原單位的藉口，則一方面你將失去競爭優勢，另一方面你會有愛打探別人收入乃至隱私的嫌疑。

即使出於誠信的考慮，一定要說出真實的理智理由，也盡量要幽默地說出口，最大限度地發揮你的聰明頭腦，讓尷尬的話題變得輕鬆而容易被理解，你的面試成功機率無疑會增大。

Memo

以幽默的方式迴避敏感問題，並不意味著欺騙，反而會讓主考官發現你應變靈活、詼諧幽默的另一面，對於面試的第一印象是非常有幫助的。

擺脫面試中遇到的尷尬

人們在參加面試的時候難免會緊張，所以隨之而來的就是面試場合中尷尬事件頻傳的問題。這時候，面試者該如何自處，才能既挽回自己的面子，又不被考官否定呢？這時建議不妨幽默一下，不要忘了，幽默是化解所有尷尬的最有效招數！

王棟樑開創了一個軟體公司，開發了一系列軟體，生意越做越大，於是打算擴大公司規模，多招一些人，而他尋找人才的第一步，就來到了某名校校園。

一個大學生模樣的人站在他面前接受面試。

「這樣吧，」王棟樑說，「我這裡有個魔術方塊，你能不能把它弄成六面六種顏色呢？你看好了，我只示範一次。」說著，王棟樑扳起了魔術方塊。不一會兒，那個魔術方塊就扳好了。

「看到了嗎？」王棟樑說，「你也來做一遍吧。」

那個大學生拿著魔術方塊，面有難色。王棟樑看了看，便對大學生說：「如果你沒考慮好，可以把魔術方塊拿回去考慮。我直到星期五才走。」

等那個大學生走了後，助理問王棟樑：「老闆，這就是你獨創的考題？」

「是啊，我會根據他的做法，來判斷給他安排什麼職務比較合適。」

助理說：「他要詐怎麼辦？他把魔術方塊帶回去之後做些什麼，我們是不知道的！」但王棟樑笑笑說自己自有打算。

那個大學生第二天早上把魔術方塊還給了王棟樑。他沒有做到，於是新買了一個六面六種顏色的魔術方塊給王棟樑！他說：「你的魔術方塊我扳來扳去都無法還原。所以我新買了一個，它比你的那個更大，更靈活！」

王棟樑接過魔術方塊，搖搖頭，失望的說：「要是你把魔術方塊拆開，然後一顆顆裝置上去，這就說明你敢做敢為，可以從事開拓市場方面的工作；如果你拿漆把六面刷出來，就說明你很有創意，可以從事軟體發展部的工作；如果你昨天下午就把魔術方塊拿回來，就說明你非常聰明，領悟能力強，做我的助理最合適了；如果你星期三之前把魔術方塊拿回來，說明你請教了人，也就是說你很有人緣，可以讓你去做客戶服務部工作；如果你在我走之前拿回來，說明你勤勞肯幹，從事低階程式師的工作沒問題；如果你最終拿回來說你還是不會，那說明你人很老實，可以從事保管和財務的工作。可是你卻買了一個新的，那我就愛莫能助了。」

在場的人都看到了王棟樑否定這位學生的整個過程，他可謂是十足的丟面子、十足的尷尬。他的臉色青一陣白一陣，但突然笑了出來，說：「如果是這樣，你還是應該雇用我！」

「為什麼？」王棟樑一副願聞其詳的模樣。

「因為你的公司是開發軟體的，我買了一個比原來更大、更靈活的，說明我絕對有做盜版的潛力！如果你不聘用我，將來我幫其他公司盜版你公司的產品，你可就要後悔了！」

王棟樑一聽，忍不住哈哈大笑起來，並滿口答應：「好，我聘用你！」

由此可見，幽默一下，不僅能化解面試時的尷尬，還能重新贏得主考官的青睞，得到工作機會。幽默果然是面試中必不可少的祕密武器！

第六章 幽默是職場上的潤滑劑

辦公室的開心果人緣最好

誰是辦公室裡的開心果？當然是那些能在工作之餘給大家帶來歡樂的人。他們是公司的活躍分子，是笑傲職場、業績斐然的職場精英，原因就在於幽默的開心果處處招人喜歡，無論在同事間還是客戶面前都人緣頗佳，工作的績效自然事半功倍！

幽默對工作真的有這樣深遠的影響嗎？

據統計，那些在工作中取得成就的人，並非都是最勤奮的人，而是善於理解他人、有幽默感的人。較富有幽默感的人，往往智商也較高；具有幽默感的人較樂觀豁達，他們懂得利用幽默消除工作帶來的緊張和焦慮；有幽默感的人總是能在工作中保持良好的心態。

人們雖然有各種各樣的追求，其共同點都是希望創造一個良好的溝通環境，加強與同事及上下級的溝通，避開人際關係中的僵化與失誤，使自己的事業獲得成功。要做到這一切，培養幽默感能夠使你與上司、同事之間建立和諧的關係，你也會因此而成為一個樂觀的人，一個能關心和信任，且能被眾多的同事所信任和喜歡的人。

那麼，該如何培養幽默感，進一步成為辦公室的開心果呢？

首先，主動擴大交際面，有利於緩解工作壓力。與人為善，主動幫助他人，能從中獲得樂趣。

其次，敞開心襟，開闊心胸。不要對自己有不切實際的過高要求，不要過於在意別人對自己的看法，正確的認識自我，學會善意的理解別人。

最後，掌握幽默的三個基本技巧。一是提高語言表達能力，發揮想像力，多多嘗試把兩個不同事物或想法連貫起來，以便產生意想不到的效果；二是開自己的玩笑，在必要時先「幽自己一默」；三是注重與形體語言的搭配和組合。

在工作過程中，如能妙用幽默，對你在辦公室中累積人氣自然是大有益處的。所以，在工作場合中，盡量表現幽默感，你必然會受到最大的歡迎。

寬容看待新同事的脫序行為

公司來了新人，笨頭笨腦的總是做錯事、鬧笑話。這時候，不要嘲笑他，應以寬容的態度對待他的搞笑行為，畢竟每個人都有當新人的時候。只要不是什麼重大失誤，你大可當成笑料一笑置之。相信當新人變老人時，必定不會忘記你曾經付出的友善。

吳飛的公司最近來了個新助理，這個人剛進公司還不到一個月，就和吳飛混得挺熟的。吳飛覺得他人很好，但新人總是難免會做出一些讓人啼笑皆非的事情。很多人都開始對他有意見，但吳飛始終包容著他，所以後來新助理轉正了，一直把吳飛當成哥兒們。

這位新助理的趣事實在是太多了。

新助理蹓躂到設計部，和設計部門上司有這樣一段對話。

新助理：「王哥，你收我當徒弟吧！」

設計部上司：「你想幹嘛？」

新助理：「我想當設計師唄！」

設計部上司：「呵呵，設計可不是那麼好當的，很累的。」

新助理：「累啥啊?你天天坐這裡沒事幹，動一動滑鼠錢就來了。」

聽了這話，設計部上司的臉色一陣青一陣白。

設計部上司：「你想學設計，自己去修課程！」

新助理：「修課程不是得花錢嗎？」

設計部上司：「我教你也得收費！」

新助理：「那我跟總經理商量一下，如果他要你教我，你還敢收我費嗎？」

新助理一語驚人，同辦公室的設計師們都在乾咳，提醒他別太張狂。可他完全沒有反應過來……從此以後，設計部上司再也不理他了。

後來，吳飛找新助理談了很多次，他開始漸漸意識到自己的問題，並在吳飛的協助下努力調整自己的行為。一年後，當他不再是新人的時候，這些讓人摸不著頭腦的天兵行為也漸漸不再發生了。

其實，每個踏上社會的人都必須歷經「新人」這個過程，當你身邊出現一些傻頭傻腦的搞笑新人時，不妨設身處地想一想自己當新人時的情景，將心比心，寬容對待他們的失誤，對你自己總是有利而無害的。

衝突之後，以幽默緩和氣氛

同事在一起相處的時間長了，難免會因為一些小摩擦而發生矛盾，一旦處理得不好，就很容易影響工作，有時雖然有心和好，卻又礙於面子拉不下臉。這時候，不妨幽默一下，讓矛盾在笑聲中煙消雲散。

金靜華在公司裡碰到一個自私自利、愛管閒事、不講道理的女同事，而且這位女同事和金靜華住同一個宿舍。

這宿舍裡只有一臺電視機，遙控器總是在她手裡，金靜華想看的節目，她都不讓金靜華看。為此，兩人常常吵嘴，關係越來越壞。

後來金靜華升為辦公室主任，負責一些日常管理工作，這位女同事總是和她過不去，為了能讓工作順利進行，金靜華決定主動示好改善關係，她怎麼做呢？金靜華決定從開玩笑開始。

做出決定的第二天，金靜華先到了公司，她把一些上班前該做的事情做好，這個時候金靜華聽到「喀嚓喀嚓」的高跟鞋聲音，不用說是討厭的女同事來了——那是她走路特有的聲音。

金靜華一抬頭，她已經出現在門口。

「喲，今天親自上班啊？」金靜華還沒開口，女同事就先發制人了。前兩天一位同事幫金靜華代了班，金靜華本來今天輪休，今天是還同事補的班才來公司，所以這位女同事故意這樣子說話，想激怒金靜華。

「嗯啊，可不是嘛，親自上班呢！」金靜華心想，順著她的話勢，看她還有什麼好說的，「聽到高跟鞋喀嚓喀嚓的聲音，我就在想，是誰這麼風度翩翩的走過來了呢？抬頭一看，原來是妳喲……」金靜華也不放過調侃她的機會。

「妳少來了……」

就這樣你一言我一語中，她們開始了工作。而且從此以後，她們經常都是以這樣互相調侃的方式交流，關係竟然在不知不覺中融洽了許多。辦公室的同事們都驚訝於兩個人的關係忽然改善了這麼多。

由此可見，以幽默的方式來和有矛盾的同事和解，是既自然又容易讓對方接受，且再理想不過的方法了。同事之間朝夕相處，應該盡量避免矛盾，畢竟「事後解決」的做法，還是有可能會在彼此心中留下隔閡的。所以同事之間正確的相處之道是：

✓ **第一，善待他人，以誠相見**

做任何事都要對自己有信心，也就是自信。不要因為別人說了什麼，就不敢去做，不要活在別人的話語中，凡事三思而後行，不可性急，要有耐心；心胸寬廣，無論是你喜歡的同事、上司或不喜歡的，見面都要打招呼，且面帶笑容，要真誠。俗話說「伸手不打笑臉人」。你的笑容可以給別人帶來愉快的心情，給自己帶來好的人緣關係。

✓ **第二，不要帶著情緒工作，不論人是非**

不要把私人生活的情緒帶到工作中，也不要把前一天工作中的不愉快帶到第二天上班，更不要把自己在工作中的不愉快發洩到同事的身上。上班時盡量多做事少說話，這樣既可以讓自己多積累工作經驗，又可以讓繁忙的工作沖去多餘的時間，避免無聊時閒談別人的是非。「閒談莫論人非，靜坐常思己過」，在和同事相處的過程中，始終以此為準則，相信你會和同事的關係相處得非常融洽。

✓ **第三，與同事保持適當距離**

其實很多同事是不適合成為朋友的，和同事之間保持一定的距離，才是最美的。要想和同事相處愉快，祕訣還是那句老話，「忍一時風平浪靜，退一步海闊天空」。俗話說得好，「伸手不打笑臉人」，你用微笑對別人，即使是再刁蠻的人，他也不好意思一而再再而三的對你發無名火。

對同事不宜談實質問題，更不宜交心。因為說不定哪天你們的位置和關係發生改變，到時也很難控制往事的新仇舊恨對心理造成的影響。

拿捏玩笑尺度

在職場上，無論日後是想仕途得意平步青雲，還是希望低調的過太平日子，都有必要注意開玩笑的藝術，即使是最輕鬆的玩笑話，都要注意掌握分寸。不然，玩笑開得過度，實在是得不償失。

Memo

開玩笑要掌握尺度及頻率，不要花太多時間開玩笑。否則時間久了，你在職場上的形象就顯得不夠莊重，同事們也不會尊重你；在上司面前，你也會顯得不夠成熟踏實，久而久之，上司也很難再信賴你，不想對你委以重任。

在工作場域開玩笑是一種藝術，應時刻把握安全尺度，不宜過火。如果能謹守以下的禁忌，相信你必能揮灑自如的開玩笑。

✓開玩笑時不板著臉

幽默的最高境界，往往是幽默者面不改色，卻能把你逗得前仰後合。然而，我們並不是幽默大師，很難達到這個境界，所以千萬不要板著面孔與人開玩笑，以免引起不必要的誤會。

✓上司的玩笑開不得

千萬記住這句話：「上司永遠是上司」，不要期望在工作崗位上能和他成為朋友。即便你們以前是同學或是好朋友，也不要自恃過去的交情與上司開玩笑，特別是在有其他人在場的情況下，更應格外注意。

✓同事的缺點或不足，不能成為你開玩笑的目標

「金無足赤，人無完人」。不要拿他人的缺點來取樂，任意取笑他人缺點，很可能會被視為冷嘲熱諷，倘若對方是個比較敏感的人，一句無心之言便足以觸怒對方，以致破壞雙方友誼，導致關係變得緊張。

✓ 與異性同事開玩笑尤其應謹慎

有時候，在辦公室開個玩笑可以調節緊張的工作氣氛，異性之間的玩笑亦能拉近彼此之間的距離，但玩笑仍不宜過分，尤其是不能說黃色笑話，以免降低自己的品味及形象。

✓ 捉弄人不是開玩笑

「捉弄」是不尊重的行為，會讓人認為你是惡意的，而且在事發之後也很難解釋。「捉弄人」絕不在開玩笑的範疇之內，也是絕對不可以隨意亂做亂說的。輕者會傷及你和同事之間的感情，重者會危及你的飯碗。記住曾國藩說的「群居守口」，千萬不要禍從口出，否則後悔亦是晚矣！

小玩笑能為工作增添樂趣

大部分上班族往往覺得工作是枯燥的、煩悶的，還有就是讓人喘不過氣來的業績壓力，總之工作就是一點快樂也沒有。事實真的是這樣的嗎？

其實，工作快樂與否，完全可以由自己決定。偶爾和同事、合作夥伴開個小玩笑，活躍一下氣氛，不僅能讓工作環境變得輕鬆愉悅，還會讓你成為辦公室的開心果，同事們的好朋友！

小王是一家網絡公司的網絡設計師，是個很受大家歡迎的人。

有一次，辦公大樓走道裡的電力系統出了問題，直冒白煙，辦公室頓時一片黑暗。各公司的人聞到異味後都衝出來想看個究竟。大家都不知道發生了什麼事，個個變得緊張兮兮的。

這時，小王靈機一動，開始向大家發放他從保險公司領的健康手冊，以此轉移大家的注意力。

不一會兒，小王的外籍上司從辦公室裡衝出來，問他發生了什麼事。小王揚了揚手中的健康手冊，答道：「我們正在研究自救手冊，看看在危難情況下如何保護自己。」上司和同事們於是大樂。上司正色道：「為何不給我一本？」

小王接著說：「我會立即為您翻譯的。」

有小王這樣的同事在，辦公室的氣氛怎麼會不好？像小王這樣的人，又怎麼會不受到大家的歡迎？你是否也想成為像小王一樣的人，在職場上不時的為同仁緩和情緒？現在就一起來學習實用的辦公室幽默祕訣吧！

Memo

適度的幽默就像一根閃著金光的魔杖，輕輕地揮舞著它，能讓我們枯燥、乏味、單調的職場生活開出五顏六色的花朵來。

✓ 善意的惡作劇

惡作劇具有出人意料的效果，它起於幽默，為人帶來歡笑。其中善意的惡作劇還能促進同事間的感情。人們在捧腹大笑之際，會深深的感謝那個聰明的快樂製造者。有分寸的調侃朋友並不是壞事，雙方自由自在的嬉戲，跳脫習慣、道德，遠離規則的界限，享受不受束縛的「自由」以及解除規則的「輕鬆」，是極為愜意的樂事。

✓ 詼諧戲謔不能少

詼諧、戲謔中的「同事幽默法」，最能活絡氣氛。經驗證明，比起彼此畢恭畢敬的模範夫妻，平日吵吵鬧鬧的夫妻可能更親熱，同事之間也是如此。在社交過程中，無防備、偏見、不帶惡意的攻擊與傷害，會使朋友、同事之間相處起來更加無拘無束。只要彼此心無芥蒂、沒有隔閡，開句玩笑，虧虧對方，敲打對方幾拳、踢個兩腳，都不算是壞事，反倒顯得彼此格外親密無間。

✓ **誇張式的炫耀與渲染**

新同事見面，難免相互介紹寒暄一番，這是個活絡氣氛的絕佳機會。以誇張的方式，把每個人的才能、成就、天賦、地位、特長等渲染一番，這種把對方地位拉抬得極高，但絕無虛偽、奉承之感的介紹方式，會使整個氣氛變得異常活絡，還會讓朋友們感受到你深刻的傾慕之情。

✓ **借用小道具**

同事相聚，也許在初見面時沒有共通話題，而陷於冷場的窘境。這時，一個隨身攜帶的小道具便能發揮作用，例如一個精緻的鑰匙鏈可能引發一堆話題；一把扇子，可以用來遮陽，還能題詩作畫，也能喚起有趣的話題。所以說，小道具的妙用不可被小覷。

✓ **引起共鳴**

同事相聚，最忌一個人唱獨角戲。有共同的感受，大家才能各抒己見，仁者見仁，智者見智，氣氛才會熱烈。成功的社交應是眾人暢所欲言，各自發揮最佳才能，做出最精彩的表演。為達到此一目的，就必須尋找能引起大家廣泛共鳴的內容。所以，你若是社交活動的主持人，一定要把活動內容及參加者的好惡、最關心的話題、最擅長的拿手好戲等元素聯繫起來，以免出現冷場。

職場不是輕鬆愜意的場所，辦公室是競爭激烈的舞臺。想要為緊張的工作生活增添樂趣，就要靠你幽默的口才來實現！

第七章

幽默讓你獲得上司賞識

運用幽默技巧說服老闆為你加薪

你工作賣力就意味著老闆一定要給你升職加薪的待遇？你的能力足以把工作做好，可以獨當一面，自認為在公司裡是不可或缺的一分子，可薪水卻停滯不前。你知道原因出在哪裡嗎？

雖然其中的原因眾多，但請自問，你是否曾經為自己認真爭取？爭取的過程是否又足夠巧妙？如果你在這方面一點技巧也沒有，那麼你絕對有必要學一學如何以幽默的方式和老闆談加薪了。

老劉工作積極，已為公司服務五年，加薪是他渴望已久的事。但他在廠裡雖然從沒有出錯，老闆卻從來沒有給他加薪的意思。

老劉為此十分煩悶，覺得自己的價值未得到認同。他曾多次暗示老闆，但老闆對此卻毫無反應。他打算明確向老闆提出加薪的要求，卻又覺得不太好意思，怕遭到拒絕；但是不說的話，又不太甘心，一日他終於鼓起勇氣，委婉的向老闆表達了自己的想法。

一個午餐時間，老劉刻意與老闆在餐廳不期而遇，他熱情的對老闆打招呼。老闆看見老劉的餐盤上只夾了一樣菜，就說：「老劉，怎麼吃得這麼少啊？」

老劉立刻苦著一張臉，半開玩笑的說：「誰叫我賺得少呢，開源不行就要節流嘛！只是可憐我都這把年紀了，還得跟著年輕人一起減肥啊，哈哈……」

老闆聽後沒說什麼，只是笑了笑就離開。老劉以為自己弄巧成拙了。沒想到，月底，老闆竟然幫老劉加薪了，事情就這麼簡單而完美的解決了。

向老闆提出加薪的幽默感，需要講究完美的技巧。老劉之所以不敢冒然提出加薪要求，與同事老王的失敗經歷有關。

老王在這家公司工作快三年了，對自己的工作已熟悉到神乎其技的程度，但是老闆卻沒有為他加薪的意思。老王一時衝動，就以熟悉業務為談判條件，向老闆提出調動職位，其實是想迫使老闆為他加薪。

老王對老劉說，自己當時的舉動大錯特錯，結果不但沒有加薪，還把老闆惹得很不高興。此後，老王與老闆的關係一落千丈，不得不離開了那間公司。

所以，老劉決定以幽默、試探的語氣向老闆表達自己的意圖，老闆必然會非常認真聆聽，並且有良善的互動，最終可能會為他加薪。

其實從某些方面來說，老闆和員工的關係是平等的。只要你認為加薪是合理的，你就有權提出來。成功與否，在於你選擇的說話方式，最好是巧妙而有技巧的把自己的意圖傳達給老闆，就算老闆不同意你的觀點，雙方也不至於陷入尷尬的局面。

有一部分人認為，自己擁有的本事，是向老闆提出加薪時的「底牌」。事實上只要你遇到了開明的老闆，只要你有真才實學，老闆自然會很樂意根據你的貢獻加薪；如果你的能力很差、做不出好業績，不要說加薪，即使是想保住飯碗都會有問題。

Memo

加薪是敏感的話題，表達得不好就會引火自焚。要求老闆加薪的言辭必須慎重，以幽默的口氣試探老闆的心意，只要措辭委婉，身段柔軟，即使是協商失敗，老闆也不會對你有什麼意見。

不著痕跡的獻上建議

俗話說「官大一級壓死人」，所以對上司一定要盡量恭敬。如果你不小心傷害了上級的自尊心，遇到心胸寬廣的上司也就算了，萬一是個心胸狹窄的上司，以後對方必然會想方設法為難報復你。

那麼，對於上級的錯誤是不是就可以置之不理了呢？當然不是！即使在古代，也是王子犯法與庶民同罪，上級犯了錯誤也應該提意見，只不過需要一些提建議的技巧，例如在玩笑中把你的建議表達出來，就是一種不錯的選擇。

一個人去求職面試。經理對他說：「對不起，應徵的名額已經滿了，想到我們部門的人太多，他們的名字我根本登記不完。」

求職者聽了喜形於色，說：「太好了！既然你忙不過來，就說明貴公司還需要人，你就安排我幫你的忙吧！」

這雖然是個笑話，但也反映了上司樂於接受幽默建議的事實。人都是愛面子的，上司更是如此。因此，向上司提出意見時，不僅要有技巧，還要把握好時機。例如，在與上級說話時，應盡量避免採用過分拘謹、謙恭，甚至唯唯諾諾的態度講話；還應克服誠惶誠恐的心理狀態，以一種活潑、大膽及自信的面貌來面對自己的上級，但是不可太過囂張，而且必須顧及到上司的面子，不要去觸犯上司的原則，否則你將得不償失。

歷史上不乏這一類人。他們對於上級忠心耿耿，可是到最後，卻免不了落得被處罰的下場，甚至是「君要臣死，臣不得不死」。原因就在於他們不懂得識時務，不會看上司的臉色，說話辦事觸犯了上司的面子。例如戰國時期的伍子胥、三國時期的許攸都是因為衝撞上司而遭殺頭。

更典型的例子，就是西漢時期的史學家司馬遷，因為替自己的同僚說幾句公正的好話，最終因觸犯了漢武帝的龍威，被處以宮刑。

他們的悲慘遭遇值得同情，讓我們來分析一下這是什麼原因造成的：當時李陵因為兵敗被俘而投降，這對漢武帝來說，毫無疑問是一個非常沉重的打擊。不管是誰，都不希望自己的部下因為任何原因背叛自己，寧願他以死抵抗，也不願昔日的同盟變成對手，皇帝也不例外。因此，在皇帝大發龍威的時候，司馬遷卻不顧對方的心情和臉色，開始堅持自己的意見，硬是說「皇帝不仁，皇帝不義」。一個臣子，居然說話如此放肆。皇帝不生氣能行嗎？皇帝不治你的罪，他今後該如何服眾？

唐太宗李世民是歷史上一個以善於納諫而著稱的明君，但他也不是完全寬容大臣對他的諫諍，也曾因魏徵當面指責他而生氣。

一次，他在宴請群臣後，酒後吐真言，對長孫無忌說：「魏徵以前在李建成手下共事，盡心盡力，當時確實可惡。我不計前嫌的提拔任用他，直到今日。但是魏徵每次勸諫我，當不贊同我的意見時，我說話他就不接腔，實在是太不禮貌了。」長孫無忌勸道：「回皇上，臣以為：臣子認為事不可行，才進行勸諫；如果不贊成而附和，恐怕給陛下造成其事可行的印象。」

太宗不以為然的說：「他可以當時隨聲附和一下，然後再找機會陳說勸諫！這樣做，君臣雙方不就都有面子了嗎？」唐太宗的這番話流露出他作為一國之君對於尊嚴、面子和虛榮的需求。其實，這也反映出了身為上司的共同心理。

因此，向上司獻建議，要選擇：

✓ 上司心情不錯的時候

在上司心情比較愉快的時候，可以適當的給上司提供建議，但是千萬要留意分寸，最好做到點到為止。千萬要記住，上司也是人，他也有喜怒哀樂的，因此，在提意見時，千萬不要破壞對方的心情。再一個，你要明白提出意見的目的，是要讓上司考慮你的建議，而不是逼迫上司同意你的建議，因此無論是在語氣上還是在說話方面，都應該要注意適量、適度，不要讓上司對你感到厭煩。

✓ **主動徵求意見的時候**

在上司向你徵求意見的時候，只要輕描淡寫的回覆，千萬不要因為上司很少主動向你徵求意見，你就像竹筒倒豆子一樣，全都倒了出來。其實，上司主動向你徵求意見，只能說明這個上司作風比較開明，但並不代表你可以在他面前為所欲為。他在向你徵求意見的大部分時候，都是在按捺著性子，所以，在這個時候，你只需要說出重點，或是他徵求的某件事的意見即可，萬萬不可長篇大論。

✓ **上司遇到失敗的時候**

如果上司的某項決策失敗了，你就可以趁機勸諫一下，但是一定要注意是旁敲側擊，而不是單刀直入，否則會給上司留下自負或是你在幸災樂禍的印象。千萬不要讓上司將你的好心誤認為驢肝肺，這不僅要看你提出意見的技巧，還要看上司開明的程度，如果遇到一意孤行的上司，最好還是少開口為妙，如果行不通，就走為上計！

Memo

在向上司提意見的時候，要幽默、活潑，但千萬要為上司保留面子，如果只知道蠻幹，而不懂得選擇與處理時機，那麼最終吃虧的將會是自己。

被批評時幽默的自我解嘲

幽默具有神奇的力量，無論是生活或工作，我們都離不開幽默。如果你有一個經常批評人的上司，你一定要學會利用幽默消除被批評時的緊張氣氛！

當受到上司的批評、指責的時候，如果不是太嚴重的問題，你可以和上司說說笑笑，緩解自己被批評的尷尬氣氛，給自己一個臺階下，也可以緩解一下上司的火氣。

常維信和劉宇盛兩個同齡的年輕人同時受雇於一家店，領同樣的薪水。一段時間後，常維信的發展青雲直上，劉宇盛卻仍在原地踏步。劉宇盛很不滿老闆的不公平待遇。有天他為此對老闆發牢騷。老闆一邊耐心的聽著他的抱怨，一邊在心裡盤算，該怎麼解釋清楚他和常維信之間的差別。

「劉宇盛先生，」老闆開口說話了，「現在你和常維信分別到市集去看看，今天早上在賣些什麼。」

劉宇盛從市集回來，向老闆報告：「今早市集上，只有一個農夫在賣馬鈴薯。」

「他有多少馬鈴薯？」老闆問。

劉宇盛又跑回市集，然後回來告訴老闆：「一共有四十包馬鈴薯。」

「價格是多少？」

劉宇盛又打算跑回市集，問價格。

「好吧！」老闆說：「現在請坐到這把椅子上，一句話也不要說，看看別人怎麼說。」

常維信也從市集回來了，對老闆說：「到現在為止，市集只有一個農民在賣馬鈴薯，一共有四十包。價格一包一百元。昨天這農夫的番茄賣得很快，庫存已經不多了。」這麼便宜的番茄，老闆肯定會想進一些，所以不僅帶回了一顆番茄做樣品，而且把那個農夫也帶來了，「那個農夫現在正在外面等回話呢！」

此時，老闆轉向劉宇盛，說道：「現在你知道為什麼常維信的薪水比較高了吧？」

「是的，我知道了。」劉宇盛很篤定的說。

「為什麼？」老闆很急切的看著劉宇盛。

「因為我沒有把那個賣馬鈴薯的老頭弄回來！」劉宇盛很後悔的搖著頭說。

本來正準備好好教訓劉宇盛一番的老闆，噗哧一聲笑了出來。

當然，想和劉宇盛一樣，能在被批評的時候用幽默來消除緊張的氣氛，也是很有學問的。

首先要學會如何不做作的講笑話。

說笑的內容要符合前因後果，否則會發生抓不到笑點的尷尬狀態。

不要重複滑稽的動作。一名平時不苟言笑的人，突然在大眾面前表演後空翻，頭上因此腫了個包時，大家會忍不住想笑。但是倘若該人一再的表演同樣動作，笑聲不但會消失，還會讓人起了憐憫之心，以為這個人出了問題。反常的舉動也不適宜。例如，一個嚴肅的人，卻忽然以幽默的風格演講，就是一種反常的舉動，反而令人感到困惑。

說著說著，卻自己先笑了起來的人，肯定是個容易滿足的人。**講笑話的要領是講者不笑，這樣才能使聽者覺得倍加可笑。**

還要**避免做「事先提醒」**的動作。如果事先說「這是非常有趣的笑話，你們大家一定會感到好笑的」之類的話，效果就會大為減低了。

說笑話不可勉強，沒有關聯的笑話，就等於浪費時間、精神，毫無意義。因此，不論笑話本身多有趣，絕不可引用和話題無關的笑話。說笑話的目的在於發揮話題，具有刺激作用，有如樂章的前奏曲和戲劇的序幕，與主題的發展具有密切的關係。

幽默的意義不在滑稽的表現，而是發揮人性的溫暖，展露理性的笑容，就如使聽眾有看完小丑影片後留下來的喜悅感一樣。此外，幽默也展現了演講者開朗樂觀的個性，並不是刻意裝飾偽善的動作。

帶有諷刺性的話，是令人反感的，至於攻擊性的笑話，更應避免。以長舌婦的作風誘發的笑話，應含有激勵性，而且必須觀念正確。雖然有時也許會因為某人的失策而覺得相當好笑，但是應同時提起此人的優點，才能算是個有涵養的人。

笑話應該具有獨創性。眾所周知的笑話，只要改變角度，曲折一點，也就新鮮有趣了；將老歌唱成特殊的調子，不但能讓長輩捧腹大笑，經過解釋後甚至可以引起年輕人的共鳴，也是不錯的技巧。

除此之外，幽默還可以應用在氣氛不佳的時刻。例如，同事工作出現了失誤，千萬不要有意刻薄或挖苦，那樣不會讓你得到快樂，反而只會讓你失去同僚的信任和支持。最好的做法是採取幽默的手段來消除尷尬的氣氛，當然如能和對方一道笑起來，效果自然會更好些。

聰明的你，想善用幽默消除被批評時的緊張氣氛嗎？請從笑話的基本開始練習，當我們把幽默感變成自身的特質之後，自然就會在工作中得到益處。

發揮幽默感拉近與上司的距離

要消除與上司的距離感，首先一定要把工作做好，盡量做得十全十美，其次你還可以運用一點小技巧，例如買些下午茶點心招待上司。人與人的溝通最終仍離不開言語，所以要想拉近語言間的距離，就要在語言的技巧中下些功夫，一般來說，幽默就是很好的表達技巧。

吉爾上班經常遲到，上司忍無可忍的對他說，如果他再遲到就要把他開除。接下來的幾天，吉爾起得很早，但是這天又睡過了頭，他想這回上司鐵定要把他開除了。

吉爾來到辦公室的時候，辦公室裡悄然無聲，每個人都埋頭幹活。一個同事對他使個眼色，讓他知道「上司生氣了」。

果然，上司一臉嚴肅的朝他走了過來。吉爾迎著上司快步走過去，滿臉微笑的握住上司的手，說：「您好，我叫吉爾。我是來這裡應徵的，我知道三十五分鐘之前這裡有一個空缺，我想我應該是最早來應聘的吧。希望我能捷足先登。」說完，吉爾一臉自責又充滿希望的看著上司。

辦公室裡全員哄堂大笑，上司也忍不住笑了，說：「快點工作吧！」就這樣，他用機智保住了工作。

Memo

在工作中，想要拉近與上司的關係並獲得晉升，是人人都渴望的目標。當然勤奮是絕對必須具備的素質，但是，在現代社會，只懂得默默付出是遠遠不夠的，你需要發揮一些技巧，設法讓自己在上司眼中脫穎而出。

當老闆記住了你，覺得你有才華時，你才能獲得嘉獎和提拔的機會。假如你懂得運用機智的頭腦來顯示幽默，讓你的老闆能與你一同歡笑，你們彼此都將有所收穫。

一天，劉墉陪同乾隆皇帝出巡，他們來到了一座廟宇。這廟宇正中央的位置上擺放著一尊彌勒佛像。

乾隆看到開口大笑的彌勒佛，便開口問劉墉：「你說這彌勒佛為什麼要對著朕笑呢？」

劉墉答道：「因為皇上是當今世上的活佛，所以彌勒佛見了您這尊佛，便對著您笑了。」

乾隆笑了。他接著又問道：「那為什麼彌勒佛也在對你笑呢？」

劉墉答道：「彌勒佛是在笑臣成不了佛。」

因為劉墉這番巧妙詼諧的回答，一回到京城，乾隆便給他升了官。

與上司開玩笑應把握好時機。平常就時時刻刻把握能與上司面對面談笑的時機，例如兩人並列在一起解手或洗手的時候就是絕佳時機。這個時候也是你們日後能說悄悄話，你能成為上司心腹的大好時機。另外，幽默的「冒犯」上司也是拉近雙方距離的好辦法。

美國總統柯立芝就曾因自己的沉默和嚴謹而被人以幽默的方式「冒犯」過。

有一次，他去華盛頓國家劇院觀賞戲劇演出，演出到一半，他開始打瞌睡了。演員馬克停下歌唱，走到總統的方向，朝總統喊道：「嗨，總統先生，您睡覺的時間是不是到了？」

總統睜開眼睛，四下望望，意識到這話是衝著自己來的。

他站起來，微笑著說：「不。因為我知道我今天要來看您的演出，所以一夜沒睡好，請繼續唱下去。」

這則幽默對話，展現了演員的直言不諱與幽默，也展現了柯立芝總統所具有的幽默感。演員沒有開罪總統，反倒成了總統的好朋友。

其實，很多時候，用幽默拉近與上司的距離也是一種巧妙的「以下犯上」，而這種所謂「犯上」，就是一種充分理解幽默藝術後的發揚光大。這種以下犯上的幽默藝術，改變了過往幽默打破平輩距離的特性，甚至在上下級之間展現出幽默風範。

這種幽默的特點，就是在「犯」上作文章。這個「犯」字，既避開了冒犯、輕瀆的方式，也從內容抽離了侵犯性的部分，帶有更多的調侃、自嘲、戲謔等幽默成分。也就是這種言語藝術，調整了上下級關係，使人際朝向更為親和的方向發展。

身在職場，如果每個人都能以輕鬆詼諧的心態去面對上司，牢牢把握住與上司之間幽默玩笑的尺度，就能夠輕鬆拉近與上司的距離，和上司搞好關係，你的職位當然隨之攀升！

Memo

以下犯上的幽默要有限度，以「不冒犯上級」的尊嚴為前提，否則觸怒了上司的敏感神經，就適得其反了。

第八章

做個詼諧風趣的好上司

給「官架子」加點笑料

身為堂堂上司，總是希望能有足夠的架式，所以有些上司在下屬面前難免有些高壓政策，最終導致下屬產生抗拒心理，結果不僅達不到目的，還加重了上司與下屬的對立情緒。聰明的管理者懂得留意管理技巧，例如運用幽默，為緊張繁忙的工作職場增加點樂趣！

幽默具有激勵的功能，能在職場上發揮重要的作用。尤其是上司階層，只要富幽默感，就容易聚集願意為公司效力的員工。所以說，幽默的上司，永遠比到處擺「官威」的上司受歡迎。

亞伯拉罕・林肯是美國歷史上的一個謎。他出身貧賤，自學成才，成為美國最受歡迎的總統之一；他一生坎坷，飽受挫折，卻不曾放棄追求政治抱負；他的長相奇特，不修邊幅，卻迷倒了千百萬的美國人。是什麼使林肯在民眾心中具有這樣的好印象呢？是幽默。

林肯在面對接踵而至的不幸與煩惱時，學會了用幽默昇華這些痛苦感受。他原本是一個極為不苟言笑的人，但為了使生活充滿陽光，他盡量改變性格。林肯每晚睡前的讀物是幽默文集，他喜歡講笑話。笑，成了林肯緩解壓力的最佳藥方。

在林肯的一生中，挫折是他生活的主旋律，抑鬱是他人格的大敵，但他學會用幽默來化解這一切。在這個過程中，林肯不但改寫了美國的歷史，同樣也影響了美國管理者的領導風格。在他之前，美國總統都是一副不苟言笑的形象，在他之後，幽默成為總統的一種能力。由於他的幽默，美國群眾也從早年清教徒的刻板生活方式中解脫出來，幽默自此成了美國文化的風尚。

幽默還能增強領導者的戰鬥力。有些領導者在處理政治生涯中的矛盾衝突時缺乏冷靜的頭腦，不是大發雷霆，就是大打出手，再不就是動輒兵戎相見，因而引發了不少悲劇。

Memo

賢明機智的政治領袖往往能將幽默視為無形的匕首和手槍，心平氣和的在歡聲笑語中抨擊政治對手，讓自己處於不敗之地。

幽默還能提升親和力。部分領導者受傳統思維影響，一本正經，不苟言笑，往往使下屬對其敬而遠之，或產生蔑視而無視其管理。然而那些說話輕鬆幽默、舉重若輕、活潑樂觀、自然灑脫又待人真誠、幹練潑辣的上司，往往能贏得下屬的愛戴。

那麼怎樣才能成為既有「官架子」又不失幽默的上司呢？

首先，拓寬自己的知識面。當上司要博覽群書，知識積累豐富，與各種人在各種場合接觸就會胸有成竹，從容自如。

其次，提高觀察力和想像力。上司要善於運用聯想和比喻。身為一名企業的上司，要有意識的訓練自己對事物的反應和應變能力。

第三，加強人際互動能力。多參與活動，多接觸形形色色的人，也能夠提升幽默感。

最後，是培養高尚的情趣和樂觀的信念。一個心胸狹窄、思想消極的人不會有幽默感，幽默屬於心寬氣順，對生活充滿熱忱的人。

你有詼諧應變突發事件的能力嗎？

職場中難免發生一些意料之外的事件。如果管理者沒有幽默的應變能力，處理不當，就會影響到資訊的交流，對工作目標造成阻礙。

總裁視察工廠時，看到有人在上班時間悠閒的坐著喝咖啡，感到十分惱火。

「你一天能掙多少錢？」總裁問道。

「差不多每天八十美元。」那人回答。

總裁扔給他一百美元後，吼道：「滾出去，你被開除了，別讓我再看到你！」

兩分鐘後，工頭走進來問：「剛才那個送信的怎麼不見啦？」

總裁如果能控制脾氣，問清楚這位信差，就不必發這場脾氣。可見，在上位者必須培養自己應付突發事件的能力。

Memo

聰明的人會發現，幽默在職場中最直接的表現形式就是幽默的應變能力，以應對工作中的難題。幽默還能帶來會心的喜悅，擺脫困境，增進人我相互了解，改善人際關係。

在一次企業管理學的講座上，主講者是一名年輕的講師，面對眾多資歷深厚的經營者，他的開場白是這樣的：「在座各位都是著名的企業管理者，年紀也都比我大，在企業管理上都有自己獨到的經驗，在這一點上，我當諸位的學生還怕不夠格！那麼，我有什麼可講給大家聽的呢？我只不過是將世界上最先進的企業管理學者們的理論和思想傳達給大家，所以，大家只要把我視為世界級企業管理大師們的布道者就行了。」

眾人聽了，會心一笑，現場氣氛活絡了起來。而這位青年教師，也透過這段幽默的開場白，表達了自己在管理經驗上的不足，取得了在座著名企業家們的認可，又透過含蓄幽默的表達方式，說明自己在企業管理理論上還是有一定的地位。就這樣，青年講師在博得了一陣笑聲的同時，也扭轉了這些經驗豐富的學員們的不信任態度。這就是運用隨機應變的幽默，扭轉僵局的表現。

身為上司，很多時候都需要幽默的力量。幽默到底是什麼？這是一個極難回答的問題。自古以來，許多偉大的思想家都尋求過這個答案，但是沒人能夠做出盡如人意的精簡回答。

有的學者提出：「幽默是一種有趣、引人發笑、含蓄、意味深長的舉措，它是以正派的作風、高尚的品德情操和理想為基礎的言行表達方式。」有的學者提出：「幽默是事物的一種性質，它能讓舉座歡快，給人帶來樂趣。」

所以人們常用「幽默力量」一詞，來形容幽默在職場中的巨大作用，那麼，幽默究竟體現在哪些方面呢？

首先，幽默教會我們如何擺脫窘境，它可以幫助我們解決人際關係中的難題。英國有一位女議員阿斯特曾對邱吉爾挑釁道：「如果我是你的妻子，我會在你的咖啡裡下毒。」

邱吉爾反唇相識：「如果我是妳的丈夫，我會喝下那杯咖啡。」簡單的一句幽默妙答，讓邱吉爾頃刻擺脫了困境。

其次，幽默的表達可以發揮緩衝作用。在工作中，並不是所有的觀點都可以正面作答的，常常會遇到必須否定對方意見的情形，這種情況若是回答得不好，是一件失禮的事。這種時候，幽默的否定對方的觀點常能起到彌補作用。

最後，幽默使人改變悲觀的心境。民間流傳的「學會三齣戲，一輩子不嘔氣」的諺語，說的就是：當我們遇到苦惱和失意時，若用幽默看待人生，雖未必能改變現實，卻能夠大幅改善自己的心境，讓自己著眼於光明而積極的生活。有些國家的公民對政府官員貪贓枉法的行為表示不滿時，常常以幽默的言語來表述。例如在非洲國家流傳著這樣一句妙語：「政府就算是買下了撒哈拉沙漠，五年之後砂子也會短缺。」

是否懂得幽默，取決於能否具有足夠的應變能力。當工作中遇到困難時，能用幽默的言語和詼諧的玩笑，使緊張的氣氛變得輕鬆，使窘迫的場面變得悠然，使危急的形勢得到緩解，化被動為主動，這些都是身為上司所應具備的能力。

幽默管理，「笑」果更好

從管理的角度來看，幽默應該成為上司的祕密武器。當今社會，競爭加劇，經濟動盪，企業員工面臨著超乎尋常的壓力。對公司而言，如何維持員工的士氣，同時又能激發他們的創造性顯得比任何時候都來得重要。

幽默的管理手段，可以化解公司的內部衝突。當經濟衰退使得公司不得不面對裁員問題時，可以利用幽默化解裁員過程中可能出現的各種風險。

美國歐文斯科寧公司Owens Corning（NYSE: OC）曾在二十一世紀初解僱了四〇%的員工，公司考量可能引發種種問題，管理階層聘請了專門的幽默顧問，利用兩個月的時間對一千六百多名員工施行了幽默計畫，在公司內開展了各種幽默活動。

結果在整個事件的處理上，沒有發生公司所擔心的聚眾鬧事、陰謀破壞、威脅恫嚇、企圖自殺等可怕後果。

運用幽默進行管理，管理者往往取得良好成效。據美國針對一一六〇名管理者的調查顯示：七十七%的人在員工會議上以講笑話來打破僵局；五十二%的人認為幽默有助於開拓業務；五十%的人認為企業應該考慮聘請一名「幽默顧問」來幫助員工放鬆；三十九%的人提倡在員工中「開懷大笑」。

美國加州昇陽電腦（Sun Microsystems）的技術人員們，每年都要精心策劃一場「愚人節」鬧劇。有一次，公司總裁斯格特•卡尼拉上班時發現，他的辦公室變成了一個微型高爾夫球場，而且滿是用砂子做出的小陷阱。公司管理人員沒有把這番鬧劇和肇事者加以懲處，反而對他們的行為大加讚賞。他們認為：這種幽默不僅能使員工們在職場通力協作，而且還能鼓舞士氣。

在職場管理中，幽默是一種非常有效的減壓方法，在壓力極大的情況下，一句幽默話語能讓人馬上轉變心情，鼓舞團隊士氣。現今許多管理者都喜歡採用立軍令狀的手法分派任務，時常給下屬造成龐大的壓力。如果能採用幽默的手法，或許更能激勵下屬。

員工之所以樂於與幽默的上司共事，往往是因為上司的幽默能幫員工擺脫許多尷尬的情況，員工能夠保住面子，自然會為有這樣的上司而高興，並為之勤奮工作。

幽默的上司只要出一張嘴，就可以把下屬哄得服服貼貼認真，既穩定了民心，又能完美的完成工作。幽默的上司一定能與下屬打成一片，讓下屬有「大家一心同體」的感覺，而不是事不關己的站在岸邊指揮，幽默的上司還具有強大的激勵力量，給下屬足夠的榮譽感。遇到這樣的上司，下屬就算做些讓步也心甘情願。

當幽默的上司要求一個趕著赴男友約會的女孩留下來加班時，他不會威脅女孩：「沒了這麼好的工作，妳在男朋友眼裡就什麼都不是了！」而是故作謙虛的說：「我的頭腦是英特爾五八六，你們年輕人是英特爾CORE i9，所以那份報告應該可以很快就給我吧！」

幽默的上司比古板嚴肅的上司更易於與下屬打成一片。有經驗的上司都知道，要使身邊的下屬能與自己齊心合作，就得善用幽默將自己的形象人性化。

幽默感也是一種平等精神的表現，上司在剖析和嘲笑他人的同時，也勇於自嘲自剖，讓下屬感受到親和力。更重要的是，幽默感使人具備創新思維和同情心，無時無刻不在追求煩惱中的快樂、衝突中的和諧。幽默讓上司用新的視角和積極的態度去看待困難和問題；幽默也是上司必須具備的一種語言藝術；用幽默手法管理下屬，排解衝突，往往能得到奇效。

心理學研究指出，幽默是一種善於捕捉生活中荒謬現象的敏感力，也是一種巧妙化解人際衝突的智慧。幽默不但能使思維敏銳，笑顏常開，還能使人胸襟豁達，善於思索。

幽默諮詢專家們發現，通過實施幽默計畫管理，許多公司的經濟效益有了飛速的增長。《壓力下的最佳生存手段：笑》一書作者麥特・爾夫說：「我們的公司在經濟衰退時營運卻有了很大的起色，奧祕何在？就是笑！」

Memo

許多管理人員終日忙於日常事務，忙於如何使客戶更加滿意，這些煩惱讓他們被工作壓得愁眉苦臉。如何才能改變這樣的狀況？幽默即是減輕工作壓力的一種有效途徑。

隨著越來越多的公司管理者意識到笑聲的神奇作用，他們已將其包含在公司發展的研究專案中。如今，在成千上萬家充滿活力的企業裡，你能看到無處不是滑稽，笑聲連綿的雇員。這就是你能授予員工完成工作的方式，而不是鐵面管理。這些「內部小丑」正好成為對應變化和不確定因素的生命線，你賦予他們自由的笑聲，他們就帶給你健康的工作環境，還能帶動其他成員團結一心，使整個團體齊心協力，共同面對險境。

幽默的上司能降低員工跳槽率

一個幽默的上司，給公司帶來的不僅是一個良好的工作氣圍，還有強大的凝聚力。

試想，公司有一位睿智、幽默的上司，他的幽默不僅給辦公室營造了輕鬆的工作氛圍和融洽的人際關係，還為下屬勾起了努力奮發的熱情。許多不愉快的事，在幽默的語言和處世方法中得以化解。有這樣一位幽默的上司，大家都很開心，這家公司的跳槽率必然是最低的。

管理者進行管理的目的是為了使他的下屬能夠準確、有效率的完成工作。輕鬆的工作氣氛有助於達到這種效果，幽默可以使工作氣氛變得愉悅。反之，如果上司總是採取嚴肅、命令的口吻跟下屬溝通，長時間在緊張、壓抑的環境下工作，任何人都是受不了的，最後跳槽走人，也就在所難免了。

所以，想要留住員工的人，首先要留住員工的心，必須學會處處幽默，別人與你共事覺得愉快，自然就不會想離你而去了。

Memo

心理學家愛麗斯·伊森曾經對《魅力》雜誌說：「心情愉快時，人的創造力更強。因此，我們應為員工創造幽默、愉悅的工作環境。」上司應懂得運用幽默拴住下屬的心，讓下屬在愉快的氣氛中，更賣力為公司效力。

沃爾瑪公司內部有一種獨特的文化氛圍，一種美國人努力工作、友善待人的精神，它體現了一種團隊精神，人們稱之為「幽默」文化。業內專家認為，沃爾瑪的這種文化氛圍是員工們努力工作的動力之源，沃爾瑪員工一面辛勤工作，同時在工作之餘自娛自樂。這也成為沃爾瑪之所以能夠成功最獨特的祕密武器。

山姆是沃爾瑪的董事長，他是一個很喜歡在工作之餘尋求樂趣的人。著名的「沃爾瑪式歡呼」就是山姆的一大傑作。山姆在一九七七年赴日本、韓國參觀旅行時，對韓國一間又髒又亂的工廠頗感興趣，因為工人們每天群呼口號。他回沃爾瑪後馬上模仿這個儀式，這就是後來著名的「沃爾瑪式歡呼」。在每週六早上七點三十分，公司工作會議開始前，山姆總會親自帶領與會的數百名高階主管、商店經理們一起歡呼口號，後來還帶領大家做阿肯色大學的啦啦隊操。

另外，在每年的股東大會、新店開幕式或部分活動中，沃爾瑪也經常舉行集體歡呼口號。「沃爾瑪式歡呼」不但在本國盛行，並且還傳播到其他國家。令人不可思議的是，素以嚴謹著稱的德國雇員也同樣練習「沃爾瑪式歡呼」，而且他們表現出的熱情甚至比美國本土的員工還高。山姆和他的高階主管都認為，只要是能令大家開心的事，他們都樂於配合，這也是一種工作中的幽默。

一九八〇年代初期，山姆與當時的高階主管格拉斯打賭，說「當年的稅前淨利潤不會超過營業額的八%」，但最後獲利超越了。山姆輸了，所以他穿著奇裝異服在華爾街上跳呼拉舞，並被記者刊登在報紙上，還特意註明他是沃爾瑪公司的董事長。一九八七年，公司副董事長查理•塞爾夫在一次週六例會上打賭，說「該年十二月份的營業額會超過十三億美元」，結果他賭輸了，於是他不得不穿著粉紅色褲子，戴著金色假髮，騎著白馬，在本頓維爾市區招搖過市。

還有一次，山姆俱樂部的員工告訴當時的總裁格拉斯，要送他一件豬皮大衣，結果在業績競賽完的足球賽後，這位員工送給格拉斯一隻活豬，意為「連皮帶肉一起送給他」。

像這樣的「賭局」在沃爾瑪是常見的，山姆認為讓高階主管遭受愚弄，也是公司文化的一部分，它使公司上下更加貼近，溝通變得更加容易。

輕鬆愉快的工作環境緩解了員工們的工作壓力，增進了員工的工作樂趣，也提高了員工的工作效率，這些都是沃爾瑪的經營哲學。即便是一些性質較嚴肅的會議，沃爾瑪也時常在輕鬆中度過的。

在沃爾瑪，星期六早上照例要開晨會，但內容不完全是嚴肅的話題，有時還會邀請一些店外人員當特別來賓，有鼎鼎大名的商業鉅子，例如通用電氣公司總裁，也有與公司有業務關係的鄉下小企業老闆，有時還可能是NBA的體育明星，或奧克拉荷馬的鄉村歌手。有位喜劇明星被邀請過好幾次，每次都會把與會的經理們逗得前仰後合。甚至是一年一度的股東大會，公司也常邀請一些演藝人員如歌手等出席助興。有時，正事在會上反而會被擱在一邊，大家開心的在一起做啦啦隊操、唱唱歌，或吵吵鬧鬧，做些瞎鬧起哄的事。

田納西州大學心理學教授訶沃德・約利歐非常贊同「幽默能提高生產效率」的觀點。透過對幽默效應的研究，他發現幽默能消除疲勞，振奮精神，使那些從事重複性勞動的人在輕鬆愉快的氣氛中工作時，可以更完善的完成任務。

可見，幽默作為管理者的一種優美、健康的品質，恰如其分的運用幽默，能夠激勵員工，使員工們在歡快的氛圍中度過與你相處的每一天。試問，有這樣的上司，下屬怎麼會跳槽呢？

為批評包上甜美的糖衣

心理學家曾做過一項研究，面對職場中指正員工的缺失時，上司是否有幽默感，能否在糾錯的過程中使下屬發笑，比起嚴厲的批評、苛刻的懲罰更為有效。作為上司，若慣於以嚴厲的言辭與下屬交流，總是用尖刻的批評去指責下屬工作上的失誤，很可能會讓下屬產生抗拒心理，失去對上司的信任，甚至還會使下屬對自己的工作能力失去信心，影響工作能力。

批評永遠不受歡迎，上司如果能在下屬犯錯時，用幽默的言語來代替批評，就能反過來激勵員工。

例如，對於不注重儀表的員工，可以借鑒這位經理的方式：

一個年輕人上班時總是邋邋遢遢的，有一天，經理把他叫去，說：「我不知道您的婚姻狀況。但是，我對您只有一個建議：如果您是單身漢，就請您結婚；如果已經結婚，就請您離婚。」

批評曠職的員工，則可以學習這位經理：

經理問他的年輕女祕書：「你相信一個人死後會復活嗎？」

「當然不相信。」

「嘿，這就奇怪了。」經理笑著說，「昨天上午妳請假去參加妳外祖母的葬禮，中午時，她卻順道來公司看望她的外孫女呢！」

可以採取以下方式拒絕要求加薪的員工：

「我能不能請求您，經理，」年輕人靦腆的對上司說，「能否考慮為我加薪呢？我不久前結婚了……」

「抱歉啊！孩子，」經理回答：「但是，我們單位無法承擔業餘時間所發生的不幸事件。」

一直以來，下屬犯了錯，首先想到的就是上司猙獰的面目和嚴厲的懲罰，雖然心中忌憚不已，但還是會在發生錯誤的當下存在著僥倖心理。既然板著臉的上司無法透過批評來杜絕員工犯錯，何不提倡快樂上司？相信用玩笑把批評包裝起來，對員工的「打擊」力度，絕對不會亞於大動肝火的批評！

Memo

針對下屬的缺點和錯誤，上司決不能動輒大發雷霆，應講究批評的方法和藝術，善於借下屬的錯誤臨場發揮，重話輕說，卻又一語中的，讓下屬在歡笑的同時，深思其內在的含義，領悟其中的道理，在詼諧、愉悅中接受批評，改正缺點。

蘇霍姆林斯基說：「生硬的話語、粗暴的行為、強制的辦法，這一切蹂躪人的心靈，使人對周圍的世界及自己都採取漠然的態度。」高高在上的上司，面對下屬犯下的錯誤時，不一定要板著面孔嚴懲不貸，如果能在指責下屬時，以幽默代替責罰，為批評包上一層糖紙，相信更能達到讓員工改正的目的。

發揮幽默感激勵下屬

幽默作為一種激勵藝術，在人際溝通之間發揮了重要的作用。在富有幽默藝術的上司周圍，很容易聚集一批為公司認真賣命的忠實員工。

美國前總統約翰・卡爾文・柯立芝有一位漂亮的女祕書，她做事有些馬虎，總是粗心大意，以至於在工作上總有些小失誤。對此，柯立芝有意給予提醒。

這天早晨，當女祕書打扮亮麗的走進辦公室時，柯立芝稱讚道：「妳今天的打扮真的很有魅力，正適合像妳這樣年輕貌美的女孩。」

女祕書聽後受寵若驚，連忙說：「謝謝總統的誇獎。」
「但是妳也不要因此而驕傲，」柯立芝微笑著繼續說道：「我相信妳處理公文的能力也會和妳的相貌一樣美麗迷人的。」
總統這番充滿風趣的鼓勵，讓女祕書工作起來越來越帶勁，她克服了以前粗心大意的毛病，把工作做得很出色。
本來是批評式的提醒，柯立芝卻透過幽默的方式將它美化成一種讚揚，從而激發了女祕書的工作動力。不僅讓問題輕鬆解決，而且讓自己在下屬眼中顯得更有魄力，實在是一舉多得。

Memo

在職場中，我們能看到這樣的場景：團隊成員往往把商業視為維繫他們存在的樞紐，一旦生意下滑，許多公司會縮小規模、縮減人力、更改經營策略。這樣日復一日，人心惶惶，工作十分被動，難免不出問題。

難就難在讓個人和集體在任何一種形勢下，都能保持高度的工作熱情，並持續沿著既定目標前進。在某些情況下，他們很有可能選擇消極、懷疑或乾脆拒絕安排。這時，讓每個人保持樂觀與信心異常重要。因此，如何讓雇員保持高度的精神狀態，讓他們恢復信心便成了當務之急。身為管理者就應明白，鼓勵員工駕馭自己的命運比什麼都重要。

雇員灰心喪氣時，我們可以請他們暫停工作片刻，外出找朋友聊天；或戴上小丑面具，吹吹笛子，逗大家歡心。這樣的效果或許比說服和施加壓力更為有效。

幽默是一種強大的號召力，幽默的上司只要一張嘴，就能把下屬哄得服服貼貼的認真工作，既為公司穩定民心，又能完美的完成工作。在職場中，一個具有幽默感的上司，懂得運用自身的幽默感，讓員工在歡笑中始終保持對工作的認真和熱情，並激勵整個團隊不斷向更高更遠的目標前進。

第三篇

幽默是生活中的調味劑

幽默可以讓人們會心一笑，心情輕鬆之後，氣氛也隨之融洽。幽默是調節生活的潤滑劑，在適當的時候幽默一下，可以化解生活中的不快與失意。

第九章　學會幽默必先學會生活

幽默來自人生智慧的沉澱

古時中外的宮廷及官家府第，都會豢養一些能博得主人一笑的能人異士。生活緊張的現代社會，人們需要放鬆神經的方法，更需要超脫心境的人生觀，而這樣的超脫正是幽默所具備的特質之一。

許多西方政治家經常以幽默展現出平易、瀟灑、善於冷靜處理事務的形象，因而得到選民的信任和擁護。

一九一〇年，美國前總統羅斯福參加英國國王愛德華七世的葬禮，在葬禮後，羅斯福被安排與德國皇帝進行一次會晤。

德皇為了強調自己至高無上的地位，傲慢的對美國總統羅斯福說：「兩點鐘到我這裡來，我只能給你四十五分鐘時間。」

羅斯福對這樣的傲慢很反感，但仍禮貌的回答：「我兩點鐘會準時到達，但很抱歉，陛下，我只能給您二十分鐘。」這樣的言詞，不卑不亢的展現一個國家元首的尊嚴，還展現出超然、灑脫的大國風範。羅斯福機智、幽默的形象就此鮮活了起來。

許多從事政治工作的人，特別是外交家，經常遇到騎虎難下的局面，卻又必須作出回應，因此他們必須善用曲折含蓄的語言來解化困境。

德國生物學家隆涅，非常重視笑對人體生理機能的作用，他以九十二歲的高齡接受榮譽獎章。在授獎儀式上，他致答詞說：「今天有許多的與會成員的年紀都不小了，對我們來說，重要的是如何節省自己的精力。大家可能不知道，一個人皺一下眉頭需要牽動三十塊肌肉，笑一下只需要牽動十三塊肌肉，所以笑一下所消耗的能量比皺眉頭少得多。因此，親愛的各位，請多多露出笑容吧！」

善於講笑話的人，能把幽默的力量運用得十分真實而自然，他們即使是開玩笑，也不至於聾人聽聞，只會讓人感受到他們散發的幽默魅力。

幽默既是社會與文化發展自然形成的一種藝術，是出於智慧與文化修養而形成的巧妙言語方式，並暗藏超脫的人生觀。其形式為群眾所喜聞樂見，自然會進入文學藝術領域中，發揮出動人的魅力。

幽默暗藏的超脫人生觀，可用於治癒許多心理或生理上的疾病，所以一些醫學家便把「笑」視為一種醫療手段。美國癌症病人發現笑話有利於治病，便組成了「恢復健康社團」，定期舉行「逗樂會」；美國著名心理學家查德博士，在坎薩斯城北部設立了一間用「笑」治療心理疾病的醫院，這間醫院裡有許多幽默詼諧的故事書，以及令人捧腹的圖書漫畫，令所有病人笑聲不絕。這間醫院以幽默療法配合藥物和手術治療後，大部分病人約於一個月內病情明顯好轉，痊癒出院。

幽默是生活調劑和取樂的一種手段。許多國家設有幽默性質的節日：加拿大有「嗜笑節」，作為獻給老人的禮物，在這個節日期間，全國書店提供大量幽默書刊供老人選購，諧星到老人院義演，子女們放下工作回到年邁父母身邊歡聚，電視播放各式喜劇節目；日本的高博城則是於每年十月十日，居民會慶祝「笑節」，這段期間會舉辦各式慶祝活動。

除了國家舉辦的幽默節日，還有與幽默相關的民間組織，其宗旨是以幽默來豐富生活、增強體質、陶冶心靈。例如英國倫敦的「幽默俱樂部」；德國的「愛笑俱樂部」；南斯拉夫人則是創辦了「幽默協會」。

在保加利亞有個以「笑城」著稱的數萬人口小城，叫做加布羅沃。在這裡有一座五層樓高的「幽默藝術宮殿」，收藏數以萬計的幽默諷刺圖書、面具、臉譜和雕塑品，此處每年舉辦「國際幽默與諷刺節」，展示各國幽默諷刺作品，並舉辦各式各樣活動。

人人都需要「幽默」這種超脫的人生觀。幽默的運用，不僅能培養開放的心態，幽默在更多時刻，還能彰顯超脫的智慧。

幽默是促進藝術魅力和文筆情趣的重要手段之一，是作家觀察生活的一種特殊本領。中國的相聲藝術就是由說笑話演變而來，外國同樣有類似相聲的表演藝術，在喜劇表演之中，也自然會運用幽默的語言。

Memo

作家秦牧說：「幽默是一朵永不凋謝的智慧之花。」沒錯，幽默不同於滑稽，並不是每個人都可以信手拈來，只有深刻懂得人生智慧的人，才能洞悉幽默背後隱藏的智慧哲學。

幽默感立基於健康的心理

幽默來自良好的心態和樂觀的個性。幽默可以淡化消極情緒，消除沮喪與痛苦。一個具有幽默感的人在與人交往中更容易取得信任及喜愛。一個具有幽默感的人能從不順心的境遇中發現某些「戲劇性因素」，從而使自己達到心理平衡。德國作家布拉爾曾說：「使人發笑的，是滑稽；使人想一想才發笑的，是幽默。」所以，要學會幽默，首先應具備積極樂觀的健康心理。

林肯是美國第十六任總統，他的一生充滿了艱辛和坎坷。他出生貧寒，九歲時母親去世，十五歲才開始讀書；二十四歲時，他與人合夥做生意，卻因經營不善而倒閉，並因此負了十五年的債；二十五歲時，他的初戀情人安因病去世，這使他悲痛萬分，此後經常情緒抑鬱；三十二歲時，他與瑪麗・托德結婚，婚後因妻子脾氣暴躁而經常有家不歸；三十五歲時，他開始競選公職，幾乎輸掉了每次的重大競選；五十二歲時，他當選美國總統，結果南北戰爭旋即爆發，北軍在人員、軍備上都優於南軍，卻在戰場中一再失手，本來計畫打兩年的內戰整整打了四年，令林肯飽受煎熬……面對自己這樣的一生，他選擇用笑容來化解一連串的打擊。然而，當南北戰爭終於結束，在他五十六歲再次當選總統時，卻在福特劇院看戲時不幸遇刺身亡……

Memo

幽默能提高免疫力。有幽默感的人，往往具備較高的主觀幸福感與樂觀人格。生活積極的人比較幽默，所以幽默與積極心態是分不開的。

幽默的人大多樂觀積極，同時具有一種溫和的性格，他們不厚古，不薄今，當然更不自薄，待人多以平視之目光，不輕易對人生絕望。

幽默感不但能讓人思維敏銳，笑顏常開，還能使人胸襟豁達，善於思索。幽默還能幫助人們提高人際交往能力，人際越發和諧。

幽默之人或可溫良或可閒適，也未必不能諷刺、尖銳，只要其中可見生活積極的人生智慧，能讓人在笑聲裡體會到生之力量，「幽默」一下又何妨？人們唯有在積極的心態下才能過得好！所以幽默的人身體健康也特別好。

德國哲學家康德活了八十歲，他認為幽默對人的健康長壽大有裨益。

他說：「如果不懂得幽默和風趣，人生就太苦了。」他的樂觀情緒和幽默感一直保持到晚年。

生活中多一分幽默，就多一分歡樂；人際關係中多一分幽默，就多一分親切；凡是有幽默的地方，就能氣氛和諧、情趣盎然、妙趣橫生。

從趣味的角度看待生活

並不是每個人都有幽默感，要想學會幽默，就要從趣味角度看待世界，才能創造出幽默。

人生在世也許平平淡淡，也許轟轟烈烈，有喜也有悲。重要的是我們抱著什麼樣的心態去看待人生。找一湖碧水，釣幾條魚，回憶人生得失，心遊凡塵事外，喝壺老酒，交些朋友，笑看人生。不開心是一天，開心也是一天，讓我們開心些，學會調節心情！失意時找些樂子，讓平淡的生活充滿趣味。

挫折和失敗是人生路上常有的事，若忍受挫折的心理能力得不到提升，焦慮和緊張就會常常困擾我們的身心。如果能換個角度，也許就會發現這些並不是一場磨難。我們需要以達觀的慧眼去看待生活，只有在達觀的情況下才能讓幽默油然而生，一個對世界萬物反感、對任何事情都失去興趣的人，絕對不會有幽默感。

從前，有一名老漢住在與胡人相鄰的邊塞地區，來來往往的過客都尊稱他為「塞翁」。他生性達觀，為人處世的態度非常樂觀。

有一天，塞翁家的馬不知什麼原因，在放牧時竟迷了路，一去不回了。鄰居們得知此一消息後，紛紛表示惋惜。可是塞翁並不在意，他反而勸慰大夥兒：「丟了馬，當然是件壞事，但誰知道會不會帶來好的結果？」

沒想到，過了幾個月，那匹迷途的老馬又從塞外跑了回來，而且還帶回一匹胡域的駿馬。於是鄰居們就齊來向塞翁賀喜，他的兒子對這匹胡域駿馬也情有獨鍾，因此天天騎馬兜風，樂此不疲。直到有一天，兒子得意忘形，竟從飛馳的馬背上掉了下來，摔傷了一條腿，造成終生殘疾。善良的鄰居們聞訊後，趕緊前來慰問，此時塞翁並未面露悲傷，他仍然是那句老話：「誰知道它會不會帶來好的結果？」

又過了一年，胡人大舉入侵中原，邊塞形勢驟然吃緊，身強力壯的青年都被徵去當兵，十有八九都在戰場上送了命，塞翁的兒子因為跛了腿，免服兵役，他們父子因而避免了這場生離死別。

後來，人們便把這個故事濃縮為成語：「塞翁失馬，焉知非福。」

這個故事說明人世間的好事與壞事都不是絕對的，在一定的條件下，壞事可以引出好的結果，所以做人不應拿著常人的眼光看世界，應該以對生活、世界充滿趣味的眼光來看待世事。

有位年輕人，一面查看他嶄新的摩托車被撞爛後的殘骸，一面對周圍的人說：「唉，我以前總說：『如果有一天，我能有一輛摩托車就好了。』現在我真有了一輛車——而且真的只『有一天』。」眾人聽了哈哈大笑。

對這位年輕人來說，摩托車被撞，已是無法挽回的事實，但他並沒有怨天尤人，而是利用幽默的力量，既減輕了自身的痛苦不快，還給圍觀的人帶來了莫大的歡樂。

用另一種眼光看待人生，往往能給人帶來歡樂，這也正是幽默的人才能夠做得到的。幽默的人往往表現得特別豁達，對任何事情都抱著積極、樂觀的態度。

Memo

幽默能賦予生活以情趣和活力，它是智慧的閃光，是有價值的思維品質，不是油嘴滑舌的表現，也不是庸俗輕浮的玩笑；幽默可以洞察世事、入木三分，又可言簡意賅、含蓄詼諧，給人以啟迪和韻味。

大哲學家蘇格拉底就是一個很有幽默感的人，他對別人的錯誤從不採取指責的態度，而是以迂迴的方式應對，這種方式即為「幽默」。

據記載，蘇格拉底的妻子是個十分暴躁的女人，經常會當眾給這位著名的哲學家難堪。有一次，蘇格拉底在與幾位學生討論某個學術問題時，他的妻子不知何故，忽然叫罵起來，震撼了整個課堂。他的妻子甚至接著提起一桶水，朝著蘇格拉底潑了過去，蘇格拉底當場全身濕透。

當學生們感到十分尷尬且不知所措時，只見蘇格拉底詼諧的笑了起來，說：「我就知道打雷之後跟著要下雨的。」這雖然是一句簡短的話，卻使妻子的怒氣出現了「陰轉多雲」到「多雲轉晴」的良性變化。大家聽到後，都欣然大笑起來，但更令人敬佩的是這位智者高超的藝術涵養、內在修為及坦蕩的胸懷。

由此可見，一個具有幽默感的人，他會從趣味角度看待世界，蘇格拉底就是很好的例子。一個人要有幽默感，就要懂得從趣味的角度看待世界。

無論是生活或者工作，我們每個人只要能多一分幽默感，就能享受多一分舒暢的心情，讓我們以健康的心態迎接每一天，看待這個世界。

幽默助你達到更高的人生境界

幽默是一種更高層次的人生境界，是對豁達性格、圓融作風的一種肯定。亞里斯多德曾經說：「幽默挖掘出人類掩蓋在個別缺點下的正向本質。正是透過這樣不斷的克服缺點，發展優點，這也是幽默對人性的肯定力量。」

有幽默感的人，具備樂觀的精神、幽默的心態。面對任何事，他們都能從積極的角度去看待問題，即使生活遇到困難也能灑脫面對。

有一次，美國前總統羅斯福遭竊遺失了很多東西。他的朋友寫信安慰他，羅斯福卻在回信中寬慰朋友說：「謝謝你來信安慰我，我現在很平靜，這要感謝上帝，這是因為：第一，賊偷去的是我的東西，而沒有偷去我的生命。第二，賊只是偷去了我一部分東西，而不是全部。第三，最值得慶幸的是：做賊的是他，而不是我。

幽默不是超然物外的看破紅塵，而是人生境界的一種提升。這種幽默得近乎藝術化的表達，比起板起面孔的訓斥要好上何止百倍。華盛頓總統曾說：「世界上有三件事是真實的——上帝的存在、人類的愚蠢，和令人發笑的事情。前兩者是我們難以理喻的，所以我們必須利用第三者大做文章。」

一天傍晚，史密斯敲了鄰居的門：「請把您的收機借給我用一晚好嗎？」

鄰居熱情的回應：「怎麼，您也喜歡晚間特別節目嗎？」

「不，我只是想安安靜靜的睡上一覺。」史密斯說。

幽默顯現了一種瀟脫的人生境界，更是一種開闊博大的胸懷。但我們在社交場合與他人發生衝突，或是遇到需對友人提出評論時，不妨採取上面這種曲折暗示的方法，這樣既能表達你的意見，又能避免短兵相接、激化矛盾，還能表現你瀟脫、大度的良好修養。

羅伯特，一位著名的演說家，他曾說：「我發現幽默有種能以心理狀態打破生理年齡的力量。」他還有另外一句著名的妙語：「青春永駐的祕訣是謊報年齡。」

在羅伯特七十歲生日時，有很多朋友來為他慶生，其間有人勸他戴上帽子，因為他頭頂禿了。羅伯特回答：「你不知道讓頭一直光著有多好——我是第一個知道下雨的人！」

Memo

這就是幽默，一種樂觀豁達的胸懷，一種左右逢源的幽默人生佳境！幽默能讓世人笑口常開，從而從灑脫、積極的生活態度中獲得幸福感。

擁有幽默帶來的成熟境界，心靈就猶如有了源頭的活水，就能用心靈的眼睛去發現幸福，發現美。在我們眼中，奼紫嫣紅、草長鶯飛是美的；大漠孤煙、長河落日也是美的；我們甚至可以用心領會到「留得殘荷聽雨聲」、「菊殘猶有傲霜枝」的優美意境。

這就是幽默，一種能幫助我們提升人生境界的生活藝術。如果我們抱著樂觀的生活態度，去發現幽默，發現幸福，我們必然能生活在歡聲笑語中。

生活是多姿多彩的，關鍵是用什麼樣的眼光來看待。擁有正向的視角，你會發現生活原來如此美好。

幽默和歡樂是人們生活中必備的良藥，但幽默不像金錢看得見摸得著，甚至不像文化程度或專業水準有跡可循。幽默的人必定閱歷豐富，知識淵博，同時具有良好的心態支撐，我們可以說，真正的幽默是一種較高的人生境界。

幽默是生活中不可或缺的美德

富幽默感的人，不僅擅長運用幽默技法，還能體會到別人感受不到的滑稽，也更能理解幽默。基於這些，有幽默感的人，在人際交往中往往更受歡迎，幽默感因此成為生活中不可或缺的要素。

幽默感使人在交往時易於相處，這是明顯的事實。幽默感普遍是講人，指的是對幽默的感受力及諧趣性。缺乏幽默感的人常常聽笑話不甚理解，別人在笑，他卻沒感覺到什麼可笑。與缺乏幽默感的人開玩笑容易產生誤會，這樣的人對滑稽感覺遲鈍，甚至毫無感覺。

缺乏幽默的人是悲哀的。意思是說，缺乏幽默感也是悲哀的。怪不得日本東京出現一家笑話學校；巴西在一九八四年成立一家「笑語出口公司」，並在一年內迅速將商品打進了英國、日本、德國、希臘、阿根廷和西班牙等許多國家。

社交中的幽默感是一種智慧。一般而言，思維敏捷的人幽默感較強，思維遲緩的人則相反；性情開朗的人幽默感較強，內向型的人常相反。幽默與文化修養相關，所以知識多的人總比知識少的人感受度大。幽默感是在生活中逐漸養成的，平日常聽笑話，常開玩笑，幽默感就會漸漸滋長。

大家一直對幽默感有各種不同的說法，如果說「是一種情感」，那就是人的情感；如果說「是使我們發笑的東西」，那就不僅限於人；如果說「是人生觀，是人的觀點」，就又屬於人的思想，而非他物。總之，幽默感是人在交際場中不可或缺的精神助力。

英國人認為幽默感是每個人皆應具備的素質。英國人的詼諧和幽默相關，《錢伯斯百科全書》提到：「今天，英裔美國人還一直認為，真正的幽默與機智不同，國外的部分哲學家也抱持這種觀點。」如果說幽默感是「應付人生的方法」，這方法是可以學得來的，是後天所得，不屬於天賦、生而有之的素質。

Memo

幽默感是透過經歷、學習累積的。當幽默感真正融入一個人的性情之中，就能憑藉幽默解決人際交往中遇到的所有問題。

一些曾到白宮參加活動的美國人透露，在美國，總統、政治家演講時，總要設法說些笑話引起聽眾的興趣；尤其在總統競選時，候選人更加重視這一點。據說美國總統雷根就有專為他蒐集笑話的人員。

一九八七年五月，路透社報導指出，美國總統雷根因「伊朗門」事件被揭發，處境狼狽。從那之後，他總是樂於回答記者的詢問，他以幽默感打動了人們的心弦。雷根透過幽默風趣的應答顯示出：在重大的壓力下，他依舊心緒平穩，還有心力自嘲。

幽默不僅通行於普世社交之中，即使是政治活動，也很需要用幽默來提升自己在他人心中的地位。幽默感能帶給人好印象，讓人產生性情寬厚，有容人之量，富有生氣，遇事從容的印象。

幽默感是一種語言的藝術，是社會和文化發展的產物。這種藝術的特點是有所含蓄的滑稽，這種藝術方法叫做「幽默的藝術方法」，能理解及表現這種滑稽的人，稱之為有幽默感的人，或說「此人有幽默感」，對於很會運用這種藝術的人，就說「此人很幽默」。

幽默感是一種處世藝術，幽默是以悠然超脫或達觀認命的態度來待人處世，幽默是一種表達思想、抒發情感的技巧，是經過藝術加工的技巧，所以它是一種藝術。最初大多表現在語言，繼之表現在文學藝術，因此形成笑的文學和笑的藝術，即幽默諷刺的文學作品和喜劇、相聲、滑稽戲、漫畫等等。因為是藝術，這藝術的技巧是可以學習，而且是學得會的。

幽默感與性格、人生觀有關，喜歡開玩笑的人容易有較多幽默感情；拘謹及性情孤僻的人不大喜歡開玩笑，因而缺少性情開朗者的幽默感。性情開朗的人比較愛開玩笑、不拘小節，待人處世也顯寬厚。這樣性格的人就會比一般人對滑稽幽默感到興趣，容易上手，也更善於運用幽默語言，有較強的幽默感。

幽默感與處世態度有關，具有幽默感的人，在處世上顯得爽朗大度，相對樂觀，在不利條件下能應付自如，因此幽默被認為是一種處世之道。

懂得幽默的人，言語勢必輕鬆有趣，性情開朗，為人溫厚，在這樣的前提之下，必定也有很多要好的朋友，擁有更豐富的人際網絡，這是性情孤僻的人所無法比擬的。

逗人發笑也有大學問

幽默是能逗人歡笑的藝術，逗人發笑是幽默的一種功能。笑容帶來愉悅，逗人發笑的藝術也因此迅速發展。嬰兒一出生就會笑；稍長大些，別人隨便一逗，他也會笑。笑容既來得這麼容易，那有什麼學問好談呢？

「幽默」一詞是音譯自外來語，是五十年前林語堂創造的新詞。根據《新華字典》指出，幽默是：「表面輕鬆而實際含有深刻諷刺的話語。」《現代漢語詞典》的解釋則是：「有趣可笑而意味深長的言詞。」英國的大百科全書把「一切逗人發笑的事物、語言、手法等，連諷刺、插科打諢、耍貧嘴」都喚作「幽默」，但有高低層級之分。

歐洲人把可笑、逗笑的都稱為「幽默」，正如我們古時稱為「滑稽」。先是哲學家，然後是其他的學者們從哲學、美學、文藝學、語言學、修辭學等領域去研究，又在心理學、人類學、精神分析學等領域中做綜合考察。這些學者之中，除了希臘的柏拉圖和亞里斯多德之外，還有古羅馬哲學家、政治家西塞羅、英國哲學家霍布斯、俄國文學批評家和作家車爾尼雪夫斯基、劇作家班•強生等，他們都曾發表關於「笑」的論述。世界上有哪一門學問，會有這麼多領域的學者文人去研究？由此可見，笑與幽默確實是複雜微妙的。

人們對幽默這門藝術的定義各有說法。有人把幽默劃分為兩類：廣義的幽默和狹義的幽默；有人把幽默和博人一笑得滑稽逗趣加以區分；有的人則將這些統稱為幽默，但有高階與低階之分。

其實，狹義的幽默最難清楚定義，因為它涉及了幽默和諷刺的文藝創作。目前部分喜劇、漫畫和相聲作品之藝術性相對不足，主因為無法拿捏幽默和諷刺的差異。

林語堂曾說：「幽默處於俏皮與正經之間。」幽默含有使人發笑的因素，且是由笑繁衍而來，就像我們幾乎天天會遇到可笑的事情一樣。但我們仍可找出引發幽默這門藝術的基本形式：

✓ 巧合

劇場樓上掉下一頂帽子本身並不可笑，倘若恰好扣在樓下一位觀眾的頭上，就顯得好笑了；如果掉下來的帽子恰好扣在一個戴帽子的朋友頭上，就更可笑，因為機率更低，更加巧合奇妙。

✓ 尷尬

尷尬、難堪難免引人發笑，因為其中有出錯、出奇、出人意料的元素。在日常生活、藝文作品，以及表演中經常見到這類趣味，尤其在諷刺作品中更常出現。

✓ **差異**

人們共同生活，日久天長便形成某種共同文化，一旦發生異乎常態及常理的現象，都會使人感到新奇而發笑。例如按照我們的文化習慣，見面行禮是相互鞠躬、握手，但遇到少數民族打招呼是面對面吐舌頭，我們就覺得奇妙可笑。

✓ **失誤**

俗話說：「鬧笑話。」事情出錯時，總容易惹人發笑。例如錯把白砂糖當味精入菜，當然可笑；或者自作聰明時卻偏偏出錯，也顯得格外可笑；又或是不容易出錯的事反而錯了，越引人發笑等等。

✓ **機智**

意想不到的機智反應，往往令人莞爾。人們總好聽聞聰明機智的巧妙故事，聽了就笑。以巧妙的機智解圍、懲罰壞人，也能逗人開懷，例如戰國時代西門豹處理「河伯娶婦」事件，懲治了巫婆，就是個例子。

俗話說：「一個臭角進城，賽過十個醫生。」幽默是生活的添加劑，幽默是人生的常青樹。在人們物質生活日益豐富的今天，越來越多人正忍受壓力帶來的緊張感之際，恰當的運用幽默感，能消除人與人之間的誤解隔閡，增進彼此之間的交流、溝通與理解，就顯得更加重要。

Memo

怎樣才算是幽默？不同的人對幽默的解釋不盡相同，但有一點是公認的——有趣，使人發笑。也就是說，幽默裡確實含有逗笑的因素。我們看到舞臺上的丑角和相聲、喜劇演員的表演滑稽可笑，但未必都是幽默。也就是說，幽默表達了一定的思想情感，而一般的滑稽逗樂，除了博一笑之外，並沒有額外的意涵。

正如王蒙所說：「幽默是一種成人的智慧，一種穿透力，一兩句話就能把那畸形的、諱莫如深的東西端了出來。既包含著無可奈何，更包含著健康的希冀。」可見，在這逗人一笑的過程中，蘊藏的學問一點也不少。

幽默與文化的關聯

不要以為幽默感是天生的，事實上每一種口才技能都是經過後天培養形成的，幽默也是如此。而且，幽默往往和一個人的文化水準、素質高低有著直接的關係。例如低俗的人總是開譁眾取寵的玩笑，這就稱不上是幽默，只是一種「滑稽」。

在古代文獻中，有許多幽默的記載。司馬遷的《史記》有一部〈滑稽列傳〉，記的並非僅只是逗笑的滑稽，內有幽默。這個「滑稽」也不會是僅為逗笑而無內涵的滑稽。古人談滑稽和幽默是難以分辨的，因為都有諧趣的這個共性。在《笑林》、《啟顏錄》、《笑府》等書所記錄的笑話，其中有許多是出自文人學士之手，例如蘇東坡的笑話就流傳很廣。

近代，出自民間的和內容低下的笑話，多屬滑稽，幽默不多。這是因為古時庶人多從事農商，生活貧苦，缺乏教育，文化程度不高。因此流傳於庶人之間的笑話難登幽默之列。

至於文人雅士則會在特定場合以此取樂，學識文化程度高者，欣賞的是幽默，對滑稽的興趣，則偏愛其中具有美感的部分，例如相聲及卓別林表演中的部分滑稽情節。

提到卓別林，就不得不提及西方國家的幽默文化了。西方習慣把可笑的統稱為幽默。「幽默」一詞乃是從西方引進我國。藉由理論加以區分，將社會性的談笑中高層次、具藝術美感的部分稱之為幽默。幽默能使人在一笑之間，還獲得審美的愉悅之感。

到了現代，因文學藝術發展的需要，區分出「幽默」和「滑稽」兩個詞彙，將兩種性質區隔開來。滑稽和幽默都具有逗人發笑的功能，滑稽多半出於偶然，常可見聞，常人從小即見，一見就笑。幽默則出於創造。人們喜歡滑稽，更欣賞幽默，文藝創作注重的就是幽默。如果兩者之間的區別分辨不清，那麼就會出現「以滑稽當幽默」，甚至「把肉麻當有趣」的狀況。

幽默源於語言，而文化、語言的進化都是幽默產生和發展的基本條件。漫畫就是幽默的一種新興事物，更是幽默藝術的原始延伸。

英國早在十七世紀之前便擺脫封建勢力的羈絆，漫畫及幽默諷刺文學作品早已流行，早在十八世紀，就出現了專業漫畫家這個職業。

中國數千年的歷史中，幽默作品數量不多。有諧趣的漫畫，少而難以流行。漫畫以奇特突出的形象表現幽默，會被認為有所影射，難免容易惹禍上身。直到二十世紀初，漫畫流行起來，出現專業的漫畫家。

可見，幽默是一種文化產物，是人類智慧的創造。文化素質越高，幽默運用涉及的層面越廣，文化累積越深厚，對幽默的應用也就越靈活。

以輕鬆的話語調節生活

俄國文學家契訶夫曾說：「不懂得開玩笑的人，是沒有希望的。」可見，在生活中保持幽默，是多麼重要的一件事。生活不可能一帆風順，在前行的道路上，我們總是會遇到許多的障礙，有的人終其一生活在抱怨和悲哀之中，但是有的人卻能讓自己活得輕鬆瀟灑，無論生活再怎麼艱難，他們都能在困苦中找到快樂的元素，並將這些歡樂帶給身邊的人。試問一下，這樣的人誰不喜歡跟他交往呢？

幽默是一種智慧的表現，具有幽默感的人無論走到哪裡都受歡迎，幽默的人也是可愛的，他們總能適時在一汪清水中激起點點漣漪，替無味的生活增添幾分韻味與情趣。

二十六歲的阮美芝是一間公司的圖片編輯，新年到了，公司按照老規矩，要求各位員工列舉自己「一年來近況」。阮美芝的回答如下：「這一年對我而言，進步的是失眠症及智慧，退步的是記憶力，總體收支平衡；增加的是腰圍和膽固醇，減少的是頭髮及幽默感。附注：如果你注意到今年刊出的笑話字體較往年放大，那證明本人視力正在無可挽回的退化。」她這一充滿創意的回答，引來了老闆及全體同事善意的笑聲和熱烈的掌聲。

有人說，一個沒有幽默感的人，就像鮮花沒有香味，只有形沒有神。有的人美麗精明，難以接近；有的人漂亮柔弱，令人憐惜。面對生活和工作，總會面對不盡如人意的時刻，但千萬不要將自己置於怨天尤人的氛圍中，以幽默的語言輕鬆化解對環境的不滿吧！合理、適度的調整心情，在適當的場合，說幾句俏皮話，勇敢的自嘲幾句，會讓你顯得更加迷人。

俗話說：「一笑解百憂。」幽默、詼諧、風趣的行為和笑話，是活絡、豐富生活的興奮劑，也是化解人與人衝突的良藥，在種種生動有趣的幽默戰術「轟炸」下，最冷漠的人也會在對方的幽默中棄械投降。

幽默的女人，必然自在、自信和優雅，必將獲得快樂、成功和幸福！幽默並不單單獨惠女性，只要你善加運用，任何人都可以在幽默中感知到平凡日子裡一點一滴的快樂。當然得提醒的是：別為了幽默而忽略了問題本身的重要原則，要依據狀況見機行事，在處理問題時要有靈活性，做到幽默而不俗套，使幽默能為精神生活提供真正的養分。

幽默是一種風度，一種優雅，一種大家風範，一種靈魂修煉，一種自我美學，一種文化品格，一種高層次的人生況味。一個懂得幽默的人，一定是聰慧且善解人意的。這樣的人懂得用自己的方式化解生活中的負面情緒，用微笑放鬆自己。比起那些成天牢騷滿腹、愁眉苦臉的人來說，他們總是讓人忍不住想靠近，這就是幽默人士的美好特質。

第十章　精妙修辭，幽默手到擒來

製造荒誕法

荒誕，也就是荒謬怪誕、不合常規、稀奇古怪。確實，如果世界上的一切事物都符合常規常理，我們就很難再找到幽默。幽默大師卓別林說過：「所謂幽默，就是在看似正常的行為中，覺察出的細微區別。換句話說，透過幽默，我們在貌似正常的現象中，看出了不正常的現象，在貌似重要的事物中，看出了不重要的事物。」幽默的言外之意，正暗示著現實的荒謬。

一個女孩因失戀而茶飯不思，形容憔悴。她的一位朋友安慰道：「看妳，越來越瘦了，再這樣瘦下去，我就把妳掛在晾衣繩上，給我當衣架子。」說得她破涕為笑，心裡輕鬆了許多。這就是一種離奇的誇張，如此奇特的聯想，產生了諧謔的效果。

Memo

要製造出誇張的幽默趣味，自然脫離不了豐富的想像力。具有卓越想像力的人，善於運用誇張這種尋常的修辭方式，產生令人驚歎的幽默效果。

一年輕的音樂家從華沙搭火車到莫斯科。在車廂裡看樂譜時，被同車的一名特務發現了。特務認為樂譜有問題，要分析一番，結果自然分析不出什麼來。於是特務把他當間諜逮捕，聲稱那樂譜就是密碼。

音樂家被帶走時，抗議道：「那不過是巴哈所作的《逃亡曲》罷了。」

翌日，他仍否認有罪。於是員警總監威脅說：「同志，你還是招了吧！別耍什麼花招了！巴哈他自己都已經認罪了。」

這則故事荒唐透頂，令人忍俊不住。

誇張能製造荒誕，荒誕能產生幽默。當然，也並非全然如此。李白的「白髮三千丈」、「燕山雪花大如席」是一種誇張手法，但我們聽不出幽默之處。誇張只是一種修辭手段，用於不同的場合、不同的物件、不同的情境中，會產生各種不同的效果，唯有結合生活中的荒誕與人類的可笑之處，它才能產生幽默。誇張正是透過對生活中的反常極力誇大、渲染，來揭示生活中的不合理與不和諧；透過誇張的手法表達對人們無傷大雅的缺失之嘲諷與規勸。顯示出一種調侃、達觀的態度，充滿嫌厭的誇張，絕對無法產生幽默的樂趣。

隨機應變法

最聰明的幽默不是深思熟慮的產物，而是隨機應變，自然形成的智慧結晶。聰明人面對各項事務總能隨機應變，幽默的人也是如此。

英國作家狄更斯酷愛釣魚。有一次，狄更斯正在一條河旁釣魚。一名陌生人突然走到他旁邊，問道：「先生，您在釣魚？」

「是啊！」狄更斯毫不遲疑的回答：「今天我釣了大半天，也沒一條魚上鉤。可在昨天，同在此處，我卻釣到了十五條魚！」

陌生人說：「是嗎？」然後露出奇怪的笑容：「你知道我是誰嗎？」

狄更斯有點疑惑，搖搖頭道：「不知道。」

陌生人接著說：「我是這條河的管理人員，這裡是嚴禁釣魚的！」說著，這名陌生人從口袋裡掏出罰單，正打算記下狄更斯的名字，開立罰款單。

見此情景，狄更斯並不著急，而是鎮定的反問他：「那麼，你知道我是誰嗎？」

陌生人在聽到狄更斯的反問後有點狐疑，於是狄更斯大笑說：「我是作家狄更斯。你不能罰我的款，因為虛構故事是我的職業。」

狄更斯在這裡運用了隨機應變的幽默手法，表現出非凡的靈敏和機智，堪稱一絕。

開往烏魯木齊的列車上，列車長正在檢票。一位第一次乘坐此次列車的先生，手忙腳亂的尋找自己的車票，在他翻遍所有的口袋之後，終於找到了火車票。他自言自語的說：「感謝上帝，總算找到了。」

「找不到也不要緊！」旁邊一位年輕人說：「我去烏魯木齊二十次，都沒買過車票。」

他的話正好被在一旁檢票的列車長聽到，於是列車到烏魯木齊站後，年輕人被帶到了拘留所，接受審問。

員警問：「你說你曾二十次無票乘車來到烏魯木齊。」年輕人回答說：「是的，我說過！」

員警問：「您不知道這是違法行為？」

「我不這麼認為。」年輕人看起來很坦然。

員警問：「那麼，無票乘車怎麼解釋？」

「很簡單，我是開著汽車來的。」

這位年輕人真有「把稻草說成金條」的本事。無可非議，他以前一定有過逃票的行為，但他能巧妙的運用幽默為自己開脫，列車長又能拿他怎麼辦？這就是隨機應變的幽默力量。

羅蒙諾索夫是一名俄國學者。他向來生活簡樸，不大講究穿著。有一次，一位衣冠楚楚，實則不學無術的英國商人，看到羅蒙諾索夫衣服上有一個破洞，便指著破洞，挖苦他說：「在這個破洞裡，我看到了您的聰明才智。」

羅蒙諾索夫毫不客氣地回敬：「先生，從這裡，我卻看到了另一個人的愚蠢。」

英國商人想藉衣服破洞，小題大做、貶損羅蒙諾索夫的人格，這無疑反映了他的膚淺與惡劣。羅蒙諾索夫抓住這一點，隨機應變的使用了對方「聰明」的反意詞「愚蠢」，準確的回敬了對方，使其自食惡果。

幽默是一種智慧的表現。隨機應變的幽默，從機智出發，賦予機智新的動力，同時也對幽默自身的意念、態度和手法產生影響。當機智在幽默中以其理性姿態出現時，則構成了「機智性幽默」這一新生物。

Memo

事先準備好的幽默當然能應付某些場合，但難免有人工斧鑿之嫌；隨機應變的幽默才是最為精粹、最具有生命力，也是最難把握的至高境界。

不動聲色法

Memo

幽默的技巧有條規律：幽默說笑的人越是沉不住氣，一邊說一邊從表情漏餡，話沒說完就自己先笑出來，越是降低了幽默的「笑果」；相反的，越是做出對笑料不動聲色的樣子，「笑果」越是成功。

美國幽默作家馬克・吐溫在《怎樣講故事》中，提到這樣一個故事：在烽火連天的戰場上，一名士兵腳受了傷，央請另一名士兵將他揹離戰場，但是跑到半路上，空中飛來的彈片把受傷士兵的頭削了去，揹著傷者的士兵仍舊向前狂奔不已。

這個景象被在場軍官看見了，軍官喊道：「你揹著沒頭的屍體跑什麼呀？」

只見這名士兵停下來看了看自己背上的朋友，大惑不解的說：「可是他剛才叫我揹他時，還是有頭的呀！」

這個故事當然是好笑的。不過，馬克‧吐溫說：「在美國講這個故事的兩個人，卻採取不同的講法，一個是一面講，一面預料到聽眾會感到好笑，他自己總是忍俊不禁的笑了起來。」馬克‧吐溫認為，即使這個人能引發聽眾跟他一起笑，也沒有什麼講故事的才華。

另一個講故事的人不一樣。他說這個故事時採取不動聲色的態度，裝得像是個鄉巴佬，講述過程中，一副絲毫不感故事有什麼可笑的樣子。馬克‧吐溫認為，這位不動聲色的講者才是真正能引起聽眾笑聲的諧星，而且是真正有幽默天賦的人。

原因何在呢？幽默的趣味既不是一種單純的情緒，也不是單純的智慧，它是一種複合物，包含著荒誕與機智之間的對比反差；如果是一面講，一面笑，就降低了這種反差；明明很可笑，但講故事的人卻顯得很笨拙、很遲鈍的樣子，無疑就增加其中的反差，自然也增強了幽默的效果。

幽默的最大功能是紓解心理壓力，防止或緩和緊張的人事關係，開闊胸襟，尤其是在精神層面占了優勢後，幽默還能用來保護你的自尊心和人格。

直白隱衷法

「直白隱衷法」並不是將隱衷做直接的、現實的表達，而是通過片面的邏輯，作假定的、非實用的、不科學的表達。

清朝石成金編的《笑得好》中，有一個很有參考價值的故事《鋸酒杯》：

一人赴宴，主人斟酒，每次只斟半杯。

此人忽問主人：「尊府若有鋸子，請借我一用。」

主人問何用。此人指著酒杯說：「此杯上半截既然盛不得酒，要它何用？鋸去豈不更好！」

此建議聳人聽聞，很明顯不可能實現，如此表達，彼此便能心照不宣。這樣的作法當然比直言不諱的心理排斥感小，也不至於造成太大的人際摩擦。此法用來表達願望，可避免引起可能的尷尬。

Memo

直白的隱衷須得是帶著荒謬色彩的，如果不荒謬，或荒謬性不足，就得設法使荒謬性強化。

《西遊記》中的豬八戒就是「笨人得福」的角色。例如在《西遊記》第九回，豬八戒不無勉強的同意和唐僧、孫悟空一起去取經。豬八戒在臨行前向他的老丈人告別時說：

「丈人啊，你還好生看待我渾家，只怕我取經不成時，好來還俗，照舊與你做個女婿過活。」

孫行者喝道：「夯貨，胡說！」八戒道：「哥啊，不是胡說，只恐一時間有些差池，卻不是和尚誤了做，老婆誤了娶，兩下裡都耽擱了？」

把一般情況下千方百計隱藏起來的心思直截了當的說出來，對於說話者而言是天真，作者把這種煞風景的話放在堂皇的告別情節之上，顯然不相稱，卻是成功的運用了幽默技巧。

清朝出版的《新刊笑林廣記》中有一個故事《一味足矣》，在表達某種不便明言的願望時，同樣有參考價值：

> 一塾師開館，東家因其初到，具一鵝款待。
>
> 酒過三巡，塾師對東家說：「今後打擾的日子還長，飲食務須從儉，否則我心中不安。」隨即指著盤中之鵝說：「天天只要一隻鵝就夠了，其餘的就免了。」

塾師的措辭看似是客氣，勸東家不要過分款待，實際是提出了很高的要求。有時，要表達一種願望，這種願望並無難言之處，但仍然以曲折暗示為有趣。

故作玄虛法

幽默的表現形式是多元的。在一般情況下，要把同樣一句話說得含蓄，幽默感就強些，反之，則可能煞風景。而故作玄虛的奧祕就在於，利用對方預期轉化的心理，出奇制勝，但其解釋要在真理與歪理之間。

法國寓言家拉封丹習慣每天早上吃一個馬鈴薯，有一天，他把馬鈴薯放在餐廳的壁爐上晾一下，不久卻不翼而飛了。

於是他大叫：「我的上帝，誰把我的馬鈴薯吃了？」

他的傭人匆匆走來說：「不是我。」

「那就太好了！」

「先生為什麼這樣說？」

「因為我在馬鈴薯裡放了砒霜，想用它毒老鼠！」

「啊，上帝！我中毒了！」

拉封丹聽了哈哈大笑：「放心吧，我不過是想讓你說真話罷了。」

拉封丹用的正是故作玄虛之法，從心理預期來說是雙重的失落。第一次是僕人說「自己沒有吃」，拉封丹回答「太好了」，讓僕人放鬆了戒備，結果情況急轉直下，變為非常嚴重的後果，接著又來了一個轉折，讓預期的危險完全消失。這種雙料的故作玄虛，從本來平淡無奇的狀態，藉著沒有毒的馬鈴薯，搞了兩次玄虛，讓僕人的心理做了一次三溫暖。

南北朝時期，北齊高祖身邊有一個優伶，名叫石董桶，非常擅長以幽默趣味的言行來逗皇帝開心。

有一次，齊高祖大宴近臣，出了一個謎語，叫眾臣猜猜答案。這個謎面很古怪，叫做「卒律葛答」，按照古代漢語的讀法，有點像現代漢語的「疙裡疙瘩」。大家都猜不出，只有石董桶猜對了，答案是「煎餅」。

齊高祖又提議，要求大家出一個謎題給他猜猜，大家不敢。當下只有石董桶出了一個謎，也是「卒律葛答」。

這下可把齊高祖給懵住了，問他謎底，他說：「是煎餅。」

這是利用了現場的一種心理預期，既是新出謎語，必有新底，誰也想不到竟是原有謎語的重複，達到了故作玄虛的功能。

故作玄虛的「玄虛」是構成幽默的要素，並不只能在純粹的玩笑場合中才派得上用場。有時在現實的人際交往中，甚至在政治圈中偶發的某種失誤，例如政治家的失態，這一類的錯誤，用現實的做法無法彌補時，也可以試著隨機應變，把這種失態狀態玄虛化。

一九六〇年代初，當時蘇聯的中央總書記赫魯雪夫在聯合國大會發言時，由於會場上某種特殊的反應，他突然舉起一隻皮鞋乒乒的敲著講臺說話。人們原以為那隻皮鞋是赫氏自己的。但是新聞照片證明，皮鞋在他腳上穿得好好的。這段歷史過了六十年，人們從赫氏的私人檔案中揭開了這個謎。原來皮鞋是坐在附近的某國家外交代表團的一位成員的，這位成員當時正在打瞌睡，赫氏便就地取材使用了一下。

敲擊聲驚醒了這位先生，當他尷尬的尋找鞋子時，赫氏剛好走下講臺，順便輕輕的拍著他的肩膀說：「沒有什麼，你不過是夢中失落了一隻皮鞋而已，我將來一定會贈你優質的烏茲別克皮鞋。」

未經允許拿了別國外交代表的皮鞋，這對於政治家，特別是國家領導人而言，是很不成體統的，赫魯雪夫的機智幽默才能在這時幫了他的忙，一下子把皮鞋由現實世界推向虛幻的夢境。這種推向玄虛的辦法淡化了現實的失禮舉動，進而強化了情趣的交流。如此急中生智的幽默，讓赫氏化被動為主動，解決了尷尬局面。

故作玄虛全部的奧祕就在於利用對方預期轉化的心理。這種方法變化萬千，有時不能給予雙重轉化的效果，而是反其道而行，故意給他一個沒有轉化的謎底，讓他對轉化的期待心理落空，恢復到常態。

一語雙關，言在此而意在彼

一語雙關，是指在一定的語言環境中，利用語句的同義或諧音關係，有意識的使語句具有雙重意義，言在此而意在彼。一語雙關的幽默力量，能幫你笑看人生，過輕鬆愉快而又有意義的生活。並藉著這樣的智慧，化解人際交往中的不愉快，既保留對方的面子，又不失自己的風度。

有一位年輕的作者前往某出版社編輯部，遞上自己的作品。編輯看了作品以後問他：「這篇小說是你自己寫的？」「是我自己寫的。」年輕人答道，「我構思了一個多月的時間，整整坐了兩年才寫出來的，寫作真苦！」

「啊，偉大的契訶夫先生，您什麼時候復活了啊！」編輯大發感慨。

聽了編輯的話，年輕人當場一言不發的離開了編輯部。稍加思索，年輕人就會明白，「契訶夫先生，您什麼時候復活了啊！」這句話，隱寓著「你抄襲了契訶夫先生的作品」，其效果遠勝於快言快語指出作品是抄襲的事實。

Memo

為了增加語言的幽默或諷刺意味，可以借助詞語的簡單關係，造成語帶雙關，明言此，暗言彼的效果。在論辯中，當遇到騎虎難下的問題，難以正面回答時，一語雙關往往能得到出人意料的效果。

由於雙關語含蓄委婉，生動活潑，又幽默詼諧，饒有趣味，能給人以意在言外之感，又能讓人回味無窮。

有一天，著名詩人海涅正在創作新詩，聽到有人敲門，海涅不得不停下筆去開門。原來是郵差送來一件包裹，寄件人是海涅的朋友梅厄。

海涅正因聚精會神於寫作而感到疲倦，此時被人打斷寫作思路，更是老大不高興，但當他悻悻然打開包裹之後，疲倦卻立刻消失了。

這份包裹反覆包裹著層層紙張，海涅撕了一層又一層，終於拿出一張小小的紙條。小紙條上寫了短短的幾句話：「親愛的海涅，我健康而又快活！衷心致以問候。你的梅厄。」

海涅不但沒有因此感到不耐，還被這個玩笑逗得十分開心，調整一下情緒後，他決定給朋友也開一個玩笑。

幾天後，梅厄先生收到了海涅的包裹。這個包裹非常重，梅厄先生一個人無法把它搬回家，於是只得雇了一名腳夫幫他把郵包扛回家去。

回到家裡以後，梅厄打開包裹卻驚訝的發現，郵包裡面什麼也沒有，只有一塊大石頭。石頭上有一張便條，上面寫著：「親愛的梅厄！看了你的信，知道你又健康又快活，我心上的這塊石頭落地了。我把它寄給你，以永遠紀念我對你的愛。」

海涅的回覆，一語雙關的既表達了問候，又報復了梅厄先生的惡作劇，可謂幽默的經典。

一語雙關的幽默是人們為改善情緒及面對生活困境所產生的一種需要，它的形成主要在於人們的情緒。當你以快樂和肯定來回應別人的幽默，當你幫助他人感受快樂時，健康的幽默就已經誕生。

耐人尋味，巧妙制勝

所謂「耐人尋味」就是運用幽默的暗示，意思是說，表達想法時，與其直言不諱，改為透過種種可能性進行委婉的說明，而達到幽默的效果。

Memo

美國有句諺語：「一個小丑進城，勝過一打醫生。」說的就是耐人尋味的幽默妙用。耐人尋味的幽默，能用一句話攻擊、戲耍他人，既讓自己有臺階下，又讓別人瞠目結舌，面紅耳赤，這就是以幽默態度來戲弄他人的方法。

一次，詩人郭祥正把自己寫的一首新詩送給蘇東坡鑒賞。但在蘇東坡讀詩之前，他自己先有聲有色的吟詠起來。吟完詩，郭祥正才來徵詢蘇東坡的意見：「我這詩怎麼樣，能評多少分啊？」

蘇東坡不假思索的說：「十分。」

郭祥正大喜，又問：「真能有十分？」蘇東坡笑著答道：「你剛才吟詩，七分來自讀，三分來自詩，不是十分又是幾分？」就這樣，蘇東坡耐人尋味的諷刺了郭祥正。

耐人尋味的幽默是一種個性的表現，能反映出你的開朗、自信及智慧；耐人尋味的幽默對人際交往大有好處，它使你顯得平易近人。人們會發現能跟你平行且愉快的親近；耐人尋味的幽默還能讓你成為最受歡迎的人，這對你的工作與生活品質大有幫助。

交際能力強的人，總能利用幽默給人們帶來歡樂。例如，在同學聚會或其他人多的場合，可以抓住身邊的事物，現場發揮一下。聚會中，有人打翻了盤子，有人摔了一跤，都可以幽默一下，既幫別人解圍，又能讓大家開懷一下，緩解緊張氣氛。

從某種意義上來說，幽默是種能提高個人競爭優勢的手段，例如吸引異性、得到更好的工作等，都有很大的助益。人人都有追求快樂、逃避痛苦的本能，所以，在人際溝通中，能夠為他人帶來快樂的人，往往是最受歡迎的。

暗示幽默法廣受人們喜愛，其原因在於，它多方照顧並安慰了人們。例如面子，後面躲著自尊。當他人傷害到你，若你選擇露骨的方式回擊，無論對方的行為是否合理，他都不會容許自己的尊嚴被你刺傷，這時仇恨、報復可能就由此而生了。

如果能運用具有暗示性的幽默方式來解決，既能照顧到他的面子，婉轉的話語也能柔性達成糾正錯誤的功效。一方面讓對方知難而退，另一方面，他會因你顧全了他的面子，而對你產生欽佩與感激之情。

常常，你能在口才好的人身上發現許多暗示性的話語。暗示幽默法，能廣泛的運用於生活的各個層面，幫助我們走出困境。

耐人尋味的幽默是以藉由影射，機智又敏捷的指出他人的優缺點，在微笑中加以肯定或否定。在生活中妥善運用幽默，不僅能夠緩解矛盾，調節情緒，還能為人帶來歡笑，征服憂愁和煩惱，使人的心理處於相對平衡的狀態。

暗渡陳倉，讓交流妙趣橫生

暗渡陳倉的幽默，是智慧，是良好素質和修養的表現。幽默能表事理於機智，寓深刻於輕鬆，給周圍的人以歡笑和愉快。幽默運用得恰當，能為談話暗渡陳倉，讓人在輕鬆之餘又印象深刻。

生活中的「插科打諢」是毫無意義的幽默，高段的幽默並非沒有分寸的賣關子，耍嘴皮。幽默要在入情入理之中，引人發笑，給人啟迪，欲善於幽默，必須擁有一定的素質與修養。

Memo

恩格斯曾說：「幽默是具有智慧、教養和道德的優越表現。」暗渡陳倉的幽默，是一種高深的說話藝術。幽默能表現說話者的風度、素養，使人在忍俊不住的同時，能同時創造輕鬆活潑的氛圍。

幽默從功效區分，有愉悅式幽默、哲理式幽默、解嘲式幽默以及譏諷式幽默。為了達到幽默的最佳效果，對同事朋友宜多用愉悅式幽默和哲理性幽默；對待自我、對待友人也可以根據情況適當運用解嘲式幽默；對待敵人、惡人則要用諷刺性幽默，以便在用幽默譏諷、鞭撻對方的同時，讓周圍的同事、朋友感到痛快。

美國作家馬克・吐溫也很擅長幽默。一次，一位百萬富翁在他面前炫耀自己剛裝的一隻義眼：「我哪隻眼睛是假的，你猜得到嗎？」

馬克・吐溫準確的指著他的左眼說：「這是假的。」

百萬富翁非常驚訝的問：「你是怎麼知道的，有什麼根據？」

馬克・吐溫說：「因為我看到，只有這隻眼睛還有一點點仁慈。」

一個人面部表情所能傳達出的幽默技巧，也很重要。德國哲人黑格爾曾說：「同樣一句話，從不同人嘴裡說出來，具有不同的含義。」其實，同一句話，即使是從同一個人嘴裡說出來，也可能因為音強、音調、音質的不同，面部表情的差異，而帶有不同的含義，給人不同的感受。因此，想在交談時全程顯示友好，除了說話內容以外，還要控制聲調、表情等因素；除了有聲語言外，還要借助無聲語言。

一九七〇年代，美國心理學家阿爾皮特曾經透過研究，為「友善的談話」訂立了一個公式：「談話的友好＝七％的說話內容＋三十八％的聲調＋五十五％的表情」。通過這一公式，我們可以看出談話中的聲調和表情的重要性。

義大利著名的悲劇表演藝術家羅西有一次應邀為外賓表演，他在臺上用義大利語念起一段臺詞，儘管外賓聽不懂他念的是什麼內容，但卻為他滿臉辛酸、淒涼和悲愴的語音、聲調、表情所感染，禁不住淚如泉湧。

當羅西表演結束後，翻譯解釋說，剛才羅西念的根本不是什麼臺詞，而是大家面前桌子上的使用功能表！

幽默的運用要根據具體情形小心斟酌，對於長輩、女性、初次相識的人，幽默一定要慎用。使用幽默要注意分寸，一旦過了頭，很可能會被對方誤解為「取笑」與「譏諷」，造成雙方關係的不良後果。幽默能表現說話者的風度、素養，使人在輕鬆活潑的氣氛中工作，提高工作效率。

綿裡藏針，溫和機智巧反擊

綿裡藏針的幽默是一種溫和、含蓄而又機智對待生活的態度，它採取「大智若愚」的形式，理性揭示了生活中常人不易發現的某種高層次概念，是有知識有修養的表現，是一種高雅的風度。

邱吉爾脫離保守黨，加入自由黨時，一位媚態十足的年輕婦人對他說：「邱吉爾先生，你有兩點我不喜歡。」

「哪兩點？」

「你執行的新政策和你嘴上的鬍鬚。」

「哎呀，真的，夫人，」邱吉爾彬彬有禮的回答道，「請不要在意，您沒有機會接觸到其中任何一點。」

在這裡，邱吉爾巧妙的運用幽默的語言藝術來擺脫尷尬的場面。儘管其外在形式是溫和的，但這種溫和之中蘊含著批判，使用了「綿裡藏針」的技巧，讓對方不免惱怒，卻又不便發作，具有特殊的力量。

Memo

綿裡藏針的幽默是相當友善的幽默表達法，所以多半使用於正式場合。

現在，人們對幽默的評價越來越高，就連工商界的企業家們，也知道利用綿裡藏針的幽默力量來改變形象，改善公眾對企業體的觀感。一項針對美國三百多家大公司管理者所做的調查顯示，九十%以上的管理者認為，幽默感在一定的程度上有助於事業的成功。例如，克雷福特公司的總裁認為，對於上司來說，幽默感是十分重要的，他說：「它能顯示上位者具有活潑、柔軟的同理心。這樣的人不會把自己看得太重，也不會看輕他人，較能做出合理正確的決策。」還有一家公司的總裁從「創造和諧愉快的人際關係」之角度來看待幽默，他說：「我認同幽默是溝通的基本原則之一，若你的言行舉止能使自己跟他人都感到愉悅自在，那麼你多半也是一位好上司、好下屬。」

在國外，幽默專家奧爾本創辦了幽默服務，他發現十年以來，他的客戶層發生了很大的變化，前來光顧的工商企業客戶越來越多，扭轉了以前客群以娛樂界和教育界為主的現象。而美國佛羅里達州一家大公司的業務主管更是將幽默列為職員必須具備的條件之一，尤其是直接面對客戶的接待專員，更是需要幽默的力量。他同時建議在人事選擇上，挑選具有幽默感的人。

某大公司裡的一位部門經理，每天想著的問題總是：「部門內的人是否真正喜歡我？」

一次，他從外面走進辦公室，發現手下的職員們正聚在一起唱歌，可是一見到他，就立即匆匆忙忙的回到自己的辦公桌。他沒有大發脾氣，也沒有表示任何不滿，只是說了一句：「看來你們唱歌的水準並不那麼高。」這句話卻產生了很好的效果。原來，這個經理過去總是板著面孔訓人，批評別人時，總是說「不許偷懶」、「工作時間不准娛樂」之類的話。這次他小幽默了一下，讓下屬明白，他原來也有談笑風生的一面，同時他也了解，只要自己能和眾人一起歡笑，將大家所需要的東西奉獻出來，就一定能得到自己所需，也能與大家建立良好的工作關係。

越來越多的企業界人士關注公眾形象。他們懂得時時展露笑顏，並設法讓別人與自己一同歡笑。我們絕對不能輕易放過這樣的機會，若不懂這一點，將注定失敗。在事業和工作上，幽默能產生某種不可思議的力量，促進他人了解與接受自己，有助於事業成功。

綿裡藏針的幽默無論對讚揚、批評、自嘲、揶揄，或是反擊對手，都能發揮意想不到的效果。幽默語言的魅力，正如赫伯・特魯所說：「它是一種最具感染力，普遍廣為接受的傳遞藝術。」

面對職場考驗，往往有各式各樣的障礙。其中一個，就是難以調適面對新工作的心理。會這樣的主要原因來自對人際關係的憂慮。其實，面對困難與挑戰也是獲得成功所需付出的代價之一，透過這樣的機會放下自己的個人專長，學習多下工夫在與他人交流上。

也許你是世界上最好的教師、職員、工匠，但一旦讓你擔任校長、經理或其他管理職時，你可能會因無法勝任而陷入困境。因為處理繁雜的人事問題要比發揮個人才能困難得多。身為上司，就相當需要這方面的能力。除了要有奉獻精神，還要懂得幫助大家解決困難，取得下屬的信任和擁護。否則你將一事無成，為此，我們應將眼前的所有挑戰，視為難得的機會。

學會綿裡藏針的幽默，可以幫助你接受挑戰，並且在實踐中獲得成功。綿裡藏針的幽默能使你輕鬆面對挫折和失敗，與他人溝通順利、和諧。

答非所問的幽默技巧

答非所問的幽默技巧中，蘊藏著人生哲理、妙趣橫生。諧語連珠的幽默，使人心情愉快、意志堅定，不僅能消除疲勞，還能培養高尚的情趣。

我們可以這麼說：有幽默的地方，就有活絡的氣氛；哪裡有幽默，哪裡就有笑聲和喜悅。人們都喜歡與談吐不俗、機智幽默者交往，不喜歡與抑鬱寡歡、孤僻離群的人接近。由此可見，幽默的好處多多，人們務必要學會並善於運用幽默。

相信人人都有這樣的經驗：當你問某人問題時，他的回答與你的提問毫不相干卻又充滿趣味，能令人捧腹大笑，這就是答非所問的幽默法。

Memo

使用答非所問的幽默技巧時要適度得當，任意將一些毫無意義的語句拿來拼湊笑料，是無法發揮幽默效果的。

事實上，答非所問只是幽默的一種，無論是表情、手勢、聲音等等，都能成為增進幽默的一種工具。為什麼我們在看歐美電影戲劇時，總能感受到他們從眼神、手勢等肢體語言流露出的幽默感，原因就是出在這裡。值得注意的是，雖然這種表達方式可以增進幽默感，但不能過度，否則可能會變得適得其反。

還有一種幽默的表達方式，就是主動向別人自揭瘡疤，述說自己失敗的經驗。這方式不需要高深的技巧，只要你能不顧自己面子，敘述當時的情景，就可獲得很好的幽默效果。

總之，描述自己面對尷尬的處境經歷，是適當的幽默自嘲素材。當然，引用此類資料作為話題時，態度不可太隨便。

美國一位心理教授認為，幽默是一種「文學與心理學相結合，與人友善相處的科學方法」。在人際關係緊張且複雜化的情況下，幽默能緩和衝突，化解矛盾，使困難的工作得以順利進行。既然幽默這麼重要，我們每個人就都應該掌握一些妙語連珠的幽默技巧。

「幽默」的好處多多，主要有下列幾項：舒緩緊張情緒；製造輕鬆、無負擔的氣氛；消除疲勞，使人頓覺輕鬆、愉快；使人際關係更加和諧；化危機為轉機，突破困境、反敗為勝。具體說來，答非所問的幽默技巧，到底有哪些特點值得我們學習呢？

1. 答非所問的幽默技巧，可以消除尷尬。處於尷尬的場合時，幽默的語言只要輕輕掃過，會立即使氣氛活躍起來，一掃彼此之間的難堪。

2. 答非所問的幽默技巧，能協助解決問題。以幽默的態度來解決問題，常會得到意想不到的效果，能使對方的不愉快和憤怒情緒一掃而光，甚至能讓對方原諒你的小小不足之處。

3. 答非所問的幽默技巧，有助於達成自己的目的。當自己需要別人幫忙時，以幽默的請求態度請求，要比央求或命令的效果好得多，甚至可以改變某些人的敵對心理，讓他在不願意的情況下轉而樂意為你服務。

4. 答非所問的幽默技巧，有利於活躍家庭生活。幽默走進家庭，能使家人之間更加愉快、融洽。例如，容易發生口角的夫婦，當妻子在盛怒之際，丈夫並不正面與她對抗，而是時不時的給她來點幽默，也許這種爭執就會頃刻間化為烏有，妻子也會破涕為笑。

5.答非所問的幽默技巧，能打破與異性的隔閡。以輕鬆活潑的幽默語言與異性接觸容易提起話題，並使兩者迅速建立起友善的關係。

總而言之，答非所問的幽默技巧好處很多。善用這樣的技巧，能夠使我們腳下的路越走越寬，使我們的工作、學習、生活更加輕鬆、豐富。生活實踐告訴我們，幽默給予人們心理上的影響很大，它能使人們平靜的生活充滿情趣，是生活的潤滑劑和開心果。

善用答非所問的幽默技巧能夠讓你不僅受人喜愛，還能獲得別人的支持與幫助，做起事情來效果也往往事半功倍。幽默，使我們的人格更富魅力，請試著使用答非所問的幽默技巧去改造生活，相信它會給你帶來無窮的歡樂！

英國幽默作家伍德豪斯說：「可以使人開懷大笑的，就是幽默！」

《洛杉磯時報》專欄作家傑克・史密斯則說：「幽默是一種看待萬事萬物都顯得『新奇有趣』的生活態度。」幽默更是一種心智成熟的最佳表現。幽默的好處數也數不盡，請妥善運用你答非所問的幽默技巧，讓你事半功倍。

當你身心疲憊時，利用答非所問的幽默技巧和朋友聊一聊，就會使你的心情變得輕鬆愉悅。那幽默的語言，談笑風生的灑脫，不僅能讓你開懷大笑，還會讓你的心胸寬廣，性格也會變得開朗樂觀，有利於肺活量的增加，進而提高免疫力，延緩衰老。

第十一章 把握幽默的分寸

庸俗與幽默並不相同

很多人把庸俗的笑話視為幽默，事實上，幽默與庸俗這兩者之間有著本質的區別，我們絕不能把庸俗與幽默劃上等號。

幽默風趣在人們繁忙的工作和生活之餘，對於放鬆緊張的神經，調節生活情趣，的確發揮了相當的作用，幽默風趣的人也因此深受大家歡迎和喜愛。遺憾的是，在現實生活中，有一些人熱衷於說「段子」，酒桌上，訊息中，常常以「段子」為聊天重心。然而細觀「段子」的內容，卻是以低級趣味居多。

但這些人並未覺得這有什麼不妥，反而認為會講「段子」是社交的「必要技能」，能在別人的笑聲中拉近彼此距離，何嘗不是一種本事，一種為人幽默的反映！對於這樣的想法，我們不敢苟同。生活中的確需要幽默，它在處理人際關係中能夠發揮「潤滑劑」的作用。但幽默同時也是一種高層次的語言藝術和思維智慧。真正的幽默，在讓人開懷的同時還給發揮啟迪心智的效果。

一個胖富翁挖苦瘦弱的作家蕭伯納：「我一見你，就知道世界在鬧饑荒。」蕭伯納反唇相識：「我一見你，就知道為什麼世界鬧饑荒。」

大師的幽默，讓人在捧腹之餘，還會為其不卑不亢，維護人格尊嚴的智慧而擊掌叫好。

幽默家兼鋼琴家波奇，有一次在美國密西根州的福林特城演奏，發現聽眾只坐了劇場的一小半，儘管感到失望難堪，但是他走向舞臺時卻說：「福林特這個城市一定很有錢，我看到你們每個人都買了兩三張座位的票。」

於是整個大廳裡充滿了歡笑，波奇也以寥寥數語化解了尷尬的場面。這才是真正的幽默。

幽默不僅不低俗，還能反映出一個人的聰明、智慧以及隨機應變的能力。

Memo

幽默是一種含蓄的諷刺，絕不是庸俗的插科打諢，無聊的以詭逗趣，或惡意的嘲弄譏笑，也不是沒有分寸的賣關子、耍嘴皮。

幽默不同於滑稽，滑稽不免庸俗膚淺，幽默卻屬高雅雋永；滑稽多憑熱烈之強辯，幽默則需學識與穎悟；滑稽常令人當場發笑，幽默使人回味無窮……

幽默將載入史冊，成為永恆，而庸俗只是人們佐餐閒磕牙的把戲；幽默在笑的過程中帶著一絲苦澀，一種對於世俗的無奈，而庸俗的笑話，有時會變得無聊至極；幽默能帶給人對社會、人生、哲理的思考，庸俗的笑話只能一笑而過；幽默是對生活豁達的表現，庸俗的笑話純粹只是一種娛樂手法；幽默，能鍛鍊思考邏輯，庸俗只能讓人失去思想；幽默雖無法立竿見影，卻立意深刻難以忘懷，庸俗能讓人笑得痛快，忘得也同樣痛快。

注意幽默時機

好朋友之間適當開開玩笑，可以活絡氣氛、融洽關係，增進友誼，但開玩笑一定要適度，不要口不擇言，想到什麼可笑的事就大大咧咧的說出來，要因人、因時、因環境、因內容而定。

幽默不是隨時都可以拋灑的，隨著文明的進步，生活經驗的積累，人們越來越清楚的認識到：要依據場合，謹慎運用幽默。

還要注意，不要錯過適當的時機。很多人都有過類似的經歷：在與別人的談話中，腦海裡突然浮現出一句幽默的話題，本來想說出來，然而，又會突然猶豫：「我說出來，對方會感到好笑嗎？」或者因為考慮到：「我說出這句話後，會不會讓對方覺得我失禮呢？」於是在猶豫之間，錯失良機。

幽默只有在最適當的時機中毫不猶豫的表現出來，才能達到最佳的效果。例如，朋友同事聚在一起聊天。當大家的話題轉到賽馬時，如果突然有人插話說：「昨天我真是太倒楣了！把太太交給我買東西的兩千元拿去賽馬，結果輸得一塌糊塗，我還真不好意思回家去！」當他說完，你不妨馬上接著說道：「我相信，昨天的你，若是有地洞的話，一定會想鑽進去的，是吧？」朋友們可能會被你這句話給逗笑了。如果你未能把握住時機，等到大家的話題已經轉到其他的事情上時，你再說出上述話，就達不到任何幽默的效果了。

時機的把握對幽默的效果具有很大的影響力，一旦你發覺這種幽默能使雙方開心，使互動雙方氣氛輕鬆愉悅，不要猶豫，馬上表現出來才是。否則一旦錯過時機，就只能等待下次機會，等話題轉回來時再加以利用。

如果你的幽默與當時的形勢以及場合極不協調，再怎麼自認幽默的笑話，周圍的人可能都不屑一顧，很多時候往往還會引起別人的反感，甚至被人視為侮辱而遭到反感。

所以，我們應注意的是，要確切掌握當下的狀態，學會正確運用幽默善做調節，因時因勢，因地制宜的幽默一下，才能使幽默真正發揮應有的效果，才不至於導致別人的誤解。

總之，開玩笑要心懷善意、要看對象，要善於隨時察言觀色，更要預見到由此玩笑而可能產生的影響和後果。被捉弄的人，也應持忍讓克制的理智態度，一笑置之，不當一回事。最忌為此耿耿於懷，甚至相互較真，伺機報復，將事情鬧大，使玩笑成為破壞團結、違法亂紀的導火線。

Memo

一定要記住：幽默的效果與把握適當的時機具有密切的關聯。只要一有靈感，就要立刻毫不猶豫的說出來。否則一旦錯失時機，縱使以後再說出來，效果恐怕也要減半了。

留意對象與場合

儘管幽默的力量很神奇，但在使用上務必留意場合、時機必得恰當。如果場合不對，玩笑不僅無法達到效果，還可能觸及別人的痛處，乃致引發別人的反感。

例如朋友正為失去親人而傷心，你卻在靈前落淚的朋友說：「去世的那位先生一定是個個性強硬的人，你看，他現在從頭到腳都是僵硬的。」這番自以為是的幽默肯定會受到痛斥。

毫無疑問，適當的場合，才能把幽默運用得恰如其分。不過，如果僅僅把講究時機視為幽默語言的準則，那就太狹隘了，要想成功的使用幽默，在講究時機的同時，還應當注意大環境。

很多場合、時間其實都是不適合開玩笑的。例如，在發生重大事件的嚴肅場合，或是在葬禮上等。在莊重的社交活動中，任何戲謔的話語都可能招來非議。

在原本應該嚴肅的場合，如果你幽默起來沒個分寸，太過誇張，為追求效果而脫離自己的平常個性，也會讓人反感，讓人覺得你輕佻浮躁，不夠穩重。

當然，不僅只是場合需要慎用幽默，很多時候還得注意對象。俗語說「一樣米養百樣人」，不止一位幽默理論家告誡我們：「觀察對方的個性、好惡和心情，乃成功施展幽默的竅門。」因此，在人際交流的過程中，要視對象的不同，把握分寸，才能收到好的效果。

Memo

不合時宜的幽默，無疑會引起別人的誤解，甚至是怨恨，還會嚴重影響個人形象。

你喜歡對人開玩笑嗎？社會生活急遽加快，生活壓力也隨之增大，朋友、同事之間相互調侃、開開玩笑，或許是放鬆心情、改善同事關係的一劑良藥，但開玩笑可不是鬧著玩兒的事，搞不好玩笑就變成了「完笑」。有人深有感觸的說，辦公室玩笑是人際關係的潤滑劑，也是惹禍上身的導火線，開不開還得要因人而異，因場合而異。

例如，在你尚未確定對象是否接受玩笑之前，務必要小心行事。即便是接受玩笑，你非常了解的同事，心情也是有陰晴冷暖起伏的，所以在你的玩笑說出口前，最好看看同事的「晴雨表」。

生活中，雖然有六十二％的人認為「開開玩笑沒關係，大家打哈哈，無傷大雅」，有四十八％的人覺得「有時好的玩笑是人際關係的潤滑劑」，但到了老闆面前，這些資料都有些「縮頭縮腦」。歸根究柢，老闆就是老闆，即便彼此關係不錯，也要避免失去分寸，特別是當有旁觀者在場的情況下，為了保持老闆的尊嚴，開玩笑時尤應格外注意。

有些管理者在工作中經常發揮幽默感，讓部屬感到親切自然，進而充分體會工作的愉悅。但是身為上司也應留意避免用玩笑諷刺下屬，那只會讓下屬產生反感，對實現管理目標絲毫沒有幫助。

每個人的性格、心理、教養都不盡相同，幽默之意趣更是差之毫釐，失之千里；若你不夠了解對方的性格，那麼苦心經營的幽默將可能失去意義。例如一些論及盲人的玩笑，在真正的盲人前不宜。我們應視具體環境、對象及氛圍，以適當的形式在社交中表達恰到好處的幽默感。

一男一女同時來到大廈的門口，這位男士開門讓女士先行。

「我雖然是女人，但我具有和男人一樣的智慧和財富，所以你沒必要開門讓我先走！」女士有些高傲。

「不，夫人，」男士回答，「我為您開門，是尊重您是個長者。」

可想而知，接下來這位女士一定會大發雷霆，因為我們都知道，女人往往最在意自己的年齡，說一位女士是長者，無異於在說她長相顯老，她怎能不憤怒呢？這就是忽略對象年紀的結果。

玩笑開得不當，會導致很嚴重的後果，所以開玩笑一定要分場合，如果要開，最好選當事人也在的場合，這樣，一來不容易造成曲解，二來不容易造成誤傳。如果當事人不在，最好不要開他玩笑，因為當玩笑傳到當事人的耳中時，很可能已經變了味道。

別把冷嘲熱諷當成批評的武器

具有幽默感的人，通常都會以嘲諷做為武器，用來批評別人，或是反擊別人惡意的進攻。但即使是帶有嘲諷意味的玩笑，也是詼諧而不失風度、滑稽而不粗俗、精煉而不繁冗的。因為他們明白，幽默嘲諷，也需要把持著「與人為善」的道理。

具幽默感的人，只需要三言兩語，提出善意的提醒，透過簡單的行動，就能發揮勝過千言萬語的雄辯，讓人明白所要表達的事理，讓人能輕易接受、為之折服，達到勸解、說服的效果。

秦始皇吞併六國前，意欲擴大御花園，大量飼養珍禽異獸，此舉消耗了許多民力國力，可皇上之命誰也不敢違抗。

當時，秦始皇身邊有個人物名叫優旃，他能言善辯、幽默風趣，他在得知秦始皇的想法後，他這麼說道：「好，這個主意很好，多養些珍禽異獸，敵人就不敢來了，即使敵人從東方來犯，只需下令要梅花鹿用角把他們頂回去就行了。」

優足蓄意把鹿的作用誇大到超乎常理的地步，藉以提醒秦始皇從這種荒謬的想像中，反思目前國家的當務之急，應當是養精蓄銳以對付可能來犯的敵人。秦始皇聽了優旃的言論後，終於收回成命，聽從了他的勸諫。

宋代時，一名女子生了一對雙胞胎，左鄰右舍去看望，一位教書先生不懷好意地向孩子的父親開玩笑道：「這兩個孩子哪一個是先生的？」孩子的父親馬上反應過來，幽默的回敬：「不管哪個是先生，哪個是後生，都是我的孩子。」

眾人一聽哈哈大笑，教書先生只得灰頭土臉的溜走了，以後再也不敢仗著一點淺薄的學識而惡意的譏諷別人了。

教書先生不懷好意的諷刺別人，最後卻自食其果，顏面全無。當我們面對他人的惡意譏諷時，最好的還擊方式就是運用幽默感巧妙反諷，讓對方啞口無言。

林肯為歷代美國人所愛戴，也是世界所敬仰的領袖人物，當然，他也是個幽默大師。

林肯年輕時，曾當過律師。有一次，他以被告辯護律師的身分出庭。原告律師將一個簡單的論據翻來覆去的陳述了兩個多小時，聽眾都聽得不耐煩了。待林肯進行辯護時，只見他走上講臺，先把外衣脫下放到桌上，然後拿起玻璃杯喝了口水，接著又重新穿上外衣，然後又喝水，一句話也不說，這樣的動作重覆了五六次，逗得大家前仰後合。

林肯的幽默表演，正表達了對原告律師的最好嘲弄，這也為他辯護的成功奠定了基礎。

著名作家大仲馬剛完成一本小說，大家都向他表示祝賀。一名貴婦向來喜歡用尖酸刻薄的話語貶低別人以抬高自己。她酸溜溜的對大仲馬說：「我喜歡這本書，不過是誰幫你寫的？」

大仲馬立刻回敬：「我很高興妳也喜歡，不過，是誰幫妳讀的？」

貴婦人當場碰了一鼻子灰，灰溜溜的走了。其他被這位婦人嘲諷過的人，都很感謝大仲馬能夠幫他們回擊了這位貴婦，對大仲馬的著作更是讚賞不已了。

Memo

開玩笑時一定得秉持著與人為善，與人和平相處的準則，如果有人為了找樂子，而拿你開玩笑，對你進行辛辣的嘲諷，令你無法接受時，你也能運用幽默這一有力武器，進行回擊，以扭轉自己的被動境地，並向其他人展示你的機智應變能力。

把握幽默的「投放量」

凡事均要講究適度，幽默亦是如此。在生活中，適時適地運用幽默，才能使人我相互之間的關係更加和諧、親密。幽默可能會產生良好的效果，但前提是要把握好幽默的「投放量」。

一句幽默的妙語可以為溝通帶來轉機和輕鬆的氣氛，但是諷刺挖苦的話語，卻只能會對溝通造成障礙。因為「幽默轟炸」往往導致氣氛緊張，讓人不知如何是好，沒有人能夠持續承受不懷好意的幽默。

幽默這把雙刃劍，運用稍有不慎亦可能傷害他人，甚至波及自己。幽默既不等同於一般的嘲笑、譏諷，也不是為笑而笑，輕佻造作的貧嘴耍滑。幽默是修養的體現，它與中傷截然不同。幽默笑談是美德，惡語中傷是醜行，真正好的幽默是真情實感的自然流露，是嚴肅和趣味之間的平衡，它以一種古怪的方式激發出來，卻經常表現出心靈的慷慨仁慈。

當我們運用幽默的時機、場所乃至言詞不當時，都有可能傷害到別人的自尊與情感。如果幽默不能為人釀出歡娛，卻強加給人怨憤、痛苦，就是令人遺憾惋惜之事，因此我們應學會避開幽默的禁區。

不懷好意的幽默在乍見之下，似乎並不是什麼犯罪，但只要分析其潛在意識，就能發現其中包含著憎惡及攻擊性的心理，有時回想自己所做過的惡作劇，難免冷汗直流。

一名男士平常很喜歡在辦公室裡開開玩笑、搞搞惡作劇。這一天，他在某位女同事的抽屜內悄悄地放進一個保險套。當女同事發現後，氣得大哭，並上報上司。或許男同事只是想開開玩笑，但他的行為卻嚴重傷害了女同事，結果難以挽回。

帶有嘲諷意味的幽默往往必須冒著「攻擊他人」的危險，且很容易傷害到他人，讓人陷於焦慮之中。

Memo

譏諷、攻擊、責怪他人的幽默，也能引人發笑，但也常常造成難以彌補的後果，使原本應該歡樂的場面變得十分難堪。

某大飯店的服務生不愛刮鬍子，多次被批評，但積習難改，於是上司找他談話。

這位上司劈頭就問道：「想一想，你身上最鋒利的是什麼呀？」

服務生愣了一下，掏出水果刀說：「就這把水果刀了。」

經理搖頭：「不見得，我看倒是你的鬍子。」

服務生不解：「為什麼？」

「因為它的穿透力特別強。」

當服務生明白經理是在說自己的臉皮特別厚，氣得滿臉通紅。

譏諷幽默具有嚴重的負效應，所以我們在運用幽默感對別人進行批評時，就要進行嚴格的推敲，以免使接受者產生被嘲笑、被捉弄的感覺。

玩笑開得過頭時，惡作劇就很容易傷害到人。所以，惡作劇一定要止於天真無邪的玩笑。善意的惡作劇，具備充分的幽默情趣，能為平淡的生活帶來清新的空氣，讓人覺得開心；至於不懷好意的惡作劇，不但令人生厭，還會嚴重影響人際關係。

幽默的社會心理價值並不意味著它的就能普遍隨意的施行，再怎麼褒揚幽默也不能視其為萬靈丹。幽默是一朵帶刺的玫瑰，是一片風光旖旎的雷區，任何輕率、莽撞的行為都將飽嘗苦果，使瀟灑輕鬆走向負面效應。

言語交際的失敗大多與惡意的幽默有關。惡意的幽默不只會讓自己陷入尷尬和困境，還可能導致別人輕視你，讓你喪失人格價值。在眾人的目光中，喋喋不休者彷彿如小丑一樣可笑。

培養起一定的幽默感並不困難，但是要做到能夠恰當的把握好幽默的尺度，並不是一件容易的事情。因此當我們運用幽默時，務必要注意時機、場合和對象。

遵守辦公室幽默的潛規則

和上司、同事在一起開玩笑，一定要遵循其中的「潛規則」。總的原則就是，可以自嘲，但是不能嘲人，尤其是不能拿上司開玩笑。上司主動和下屬開玩笑，那是上司

「平易近人」、「和下屬打成一片」。可是反過來，下屬卻不一定適合主動和上司開玩笑，因為那可能被理解是「沒大沒小」、「不尊重上司」。

朱子濤是一家公司的企劃部經理，最近他聽說法國有一個設計展，想去學習經驗，於是寫了一份報告向老闆申請出差。

幾天後，朱子濤拿到老闆十分潦草的批文，上面只寫著：「Go ahead！（去做吧！）」

朱子濤便馬上去訂了飛往法國的機票，當他行李收拾妥當準備出發時，卻被老闆的祕書攔住了。朱子濤萬萬沒想到祕書竟是來傳達老闆的口頭指令的：「朱子濤經理，你不能出國。」

「為什麼？」朱子濤不解。

祕書說：「老闆沒有同意你出國啊！」

於是朱子濤把公文拿給祕書看，證明說：「你看，老闆確實叫我去啊！」

祕書一看，毫無表情地說：「來公司這麼長時間，你還不清楚老闆的英文程度嗎？他是寫『Go a head』，去個頭！」

朱子濤大笑：「我還真準備遵從老闆指令，向法國前進呢！祕書小姐，拜託你趕緊編輯一本老闆常用語註解，以便我們看到批覆後能把意思準確的翻譯出來。」

本來以為朱子濤會大發雷霆的祕書，聽了朱子濤的一席話，臉上緊繃的肌肉才鬆了開來。

試想，這個時候如果嘲諷老闆的英語水準，結果會是怎麼樣呢？

此外，在同事之間的閒聊調侃中，哪怕感情再好，也不能拿別人的隱私來當作笑料。

某公司的大老闆年過五十，卻娶了一位二十出頭的年輕妻子，並且結婚才兩個月，就生了一個小孩。這個大老闆為孩子擺滿月酒，親戚朋友都趕來祝賀。老闆的一個好朋友也來了，這個人心直口快，而且很愛開玩笑，今天這種場合他也沒有例外。

這位朋友為孩子準備的禮物是紙和鉛筆，他親自把禮物交給剛當上爸爸的這位大老闆。

老闆謝過了他，並問：「孩子才滿月，現在給這麼小的孩子贈送紙筆，不會太早了嗎？」

「當然不早，」這位朋友笑著說，「您的小孩兒太性急。本該九個月後才出生，可他偏偏兩個月就出世了，再過五個月，他肯定會去上學，所以我才給準備了紙和筆。」

他此話剛說完，全場轟然大笑，令大老闆夫婦無地自容。本來很好的朋友，從此斷絕了來往。

大部分的人都喜歡開玩笑，但把玩笑和對別人隱私的好奇心結合在一起，就無意中成了製造矛盾的根源。

Memo

喜歡拿別人的隱私開玩笑的人，往往同時是喜歡講負面言論的人，他們有時是因為過於理想化，用自己理想化的模式，去套用生活中的現實，結果往往導致事與願違。

例如在辦公室，大家在一起談論其他同事，你拿別人的隱私開了玩笑，你就是在製造同事之間的矛盾，辦公室的同事必定人人自危，對你這個麻煩的導火線避之唯恐不及。

有句老話「禍從口出」，為人處世一定要把好口風，什麼話能說，什麼話不能侃，什麼話可信，什麼話不可信，都要在腦子裡多繞幾個彎子，心裡要有個底才是。千萬不能拿別人的隱私開玩笑，這樣做得罪人是小事，為自己惹來麻煩就得不償失了。

有個長舌的老婦人向牧師懺悔說，她經常拿別人的隱私開玩笑，得罪了很多人，她不知道還有沒有辦法可以彌補。牧師並沒有對她說教，只是給她一個枕頭，要她到教堂的鐘樓上，把枕頭裡的羽毛拋出去。她照著做了。

牧師說：「好吧，現在把每一根羽毛再收集起來，放回枕頭裡去。」

這位老婦人為難的說：「牧師，那是辦不到的！」

牧師很嚴正地說：「所以，要追回妳所製造的每一個傷害，也很難辦到。」

在處理他人隱私問題上，一定要避免拿他人的隱私開玩笑，否則朋友之間的友情很可能會戛然而止，還會在未來留下遺憾。真正聰明的人，懂得對他人的隱私持有尊重的態度，不拿他人的隱私開玩笑，有些事只能點到為止，才能給自己及他人留下一片自由呼吸的空間。

恰當的辦公室幽默可以製造良好的工作氛圍，讓大家在煩悶的工作中放鬆神經，感受到快樂。但是，不恰當的幽默只會適得其反，為你的人際關係帶來傷害。所以，提醒自己注意辦公室幽默的原則還是必要的。

惡作劇不能影響公司利益。每個人對於惡作劇的幽默感受是不同的，總有一部分人認為你愚蠢。所以，製造一個影響整個公司或一個大部門的惡作劇，一定不是件好事。

告別尷尬的玩笑

與人交談時，適度、得體的開個玩笑，幽默一下，可以使周圍的人輕鬆自在，並能營造出適於交際的輕鬆活絡氣氛，這也是具有幽默感的人受人歡迎的原因。但是，假若我們沒有掌握好幽默的尺度或是玩笑過度時，將不僅無法達到好的效果，還會讓人尷尬，這樣的玩笑不如不開。

中國古代的大美人褒姒，她是周幽王非常寵愛的妃子。周幽王為博得美人一笑，竟玩了個「烽火戲諸侯」的把戲，結果讓諸侯們深感尷尬，加上諸多原因最終以致亡國。但這絕不是絕無僅有的先例，與此玩笑類同的還有「一笑傾人城，再笑傾人國」這一典故。

與中國古代的周幽王相比，遠在太平洋彼岸的美國前總統雷根也不遜色。他也因不適當的場合展示所謂的幽默，而造成了嚴重的後果。

雷根有一次在國會開會前，為了試試麥克風是否能正常使用，張口便說：「先生們請注意，五分鐘之後，我將宣布對蘇聯進行轟炸。」此語一出，頓時全場譁然。雷根在錯誤的場合和時間之下開了一個極為荒唐的玩笑。為此，蘇聯政府提出了強烈抗議，令美蘇局面尷尬。

Memo

讓人尷尬的玩笑，就像我們小時候聽過的「狼來了」的故事一樣。自己以為是在調侃別人，其實，最後處於尷尬境地的人，只會是自己。

很多人似乎對黃色笑話特別感興趣，尤其是幾個男人聚在一起，難免就講了起來。常常見到男人聚在一起時，你一句他一句的在說著黃色笑話，說得大家都前俯後仰的陶醉情景，在很多女人看來，無疑是粗俗的。

雖說男人講點黃色笑話並無傷風雅，但一定要注意時間場合，不能口無遮攔，最好是既能達到搞笑的目的，又無傷風雅才好。

在中國「洞房花燭夜」是眾所皆知的人生一大喜事，不但新人眉飛色舞，親戚朋友也是笑顏逐開，人們在祝賀送禮之外，總是喜歡和新人開玩笑。而且，不少人最愛開的玩笑，就是帶有黃色笑話色彩的玩笑。可能是老一輩人留下了「三天無大小」的習俗，長幼、親朋、男女之別被打破了，再加上喝幾杯酒壯膽，嘴就沒了遮攔，不由自主。

特別是有些水準不高的婚宴主持人為了製造熱鬧場面，常口無遮攔的講有色笑話，讓新人及家屬非常惱火，一般為婚禮能正常進行也就忍了，但太過火仍會讓人忍無可忍。

如果說，黃色笑話做為一種特殊的語言幽默藝術，可給人們帶來笑聲，讓人們體味到另一種生活的話，那是無可厚非，但在講黃色笑話時，一定要注意多說些健康的或者具有哲理意義的言辭，屏棄那些庸俗、肉麻的話題。只有在那些恰如其分的幽默面前，大家才能笑得開心，心裡也才舒坦。

玩笑不是隨便開的，要注意場合。音樂是給懂得欣賞音樂的人聽的，繪畫是給懂得品味繪畫的人看的，講笑話也是一樣，一定要合時宜，否則尷尬的幽默只會造成談話雙方的難堪。

第四篇

不同場合的幽默運用

在正式的場合上，如果談話雙方都一本正經，難免讓人感到沉悶。深諳幽默藝術的成功者，即使是在正式場合上，也不忘幽上一默，三言兩語之間就能將緊張的氣氛變得輕鬆活絡。

第十二章

善用幽默可為演講加分

風趣的語言讓演講深入人心

演講是在正式的場合，對眾人進行說服式做的說服性的表演性談話，但是，不能因為它正式，演講人就一定要端起架子，板起面孔，做枯燥無味的陳述。所以，製造幽默輕鬆的氣氛，是使演講易於為人接受的一種高明方法。

許多優秀的演講者都善於以幽默風趣的語言，緊緊抓住聽眾的注意力，使聽眾在會心的笑聲中與他人產生共鳴，進而牢記並易於接受演講陳述的觀點。

林肯在競選總統時，發表了這樣的演說：「有人打電話問我有多少財產，我告訴他們我是一個窮光蛋。我有一個妻子和一個兒子，他們都是無價之寶。我租了一間房子，房子裡有一張桌子和三把椅子，牆角有一個櫃子，櫃子裡的書值得我讀一輩子。我的臉又瘦又長，且長滿鬍子，我不會因發福而挺著大肚子。我沒有可以庇蔭的傘子。唯一可以依靠的就是你們。」

這樣一番絕妙的演說，使林肯成功的在公眾面前樹立起一個清廉誠實、平易可親，且極其幽默的形象。誰能抗拒這番演說感染人心的魅力呢？

Memo

為了讓聽眾能盡快接納自己，除了幽默，在演講時，還要讓聽眾感受到你的親切態度，拉近你們的距離，這才是最完美的方法。

陶克是一位參加過美國內戰的將軍，一八六五年，內戰結束後，他競選了國會議員，他的對手是他當年手下的一名士兵，名叫約翰・海倫。幾乎所有的人都認為，功勳卓著的將軍將會打敗普普通通的士兵，獲得勝利。

競選演講開始了。陶克將軍慷慨激昂的說：「諸位同胞，還記得十七年前那個激戰的夜晚嗎？我率領士兵到茶座山阻擊敵人。那是多麼艱苦的戰鬥呀！但我從沒想過退

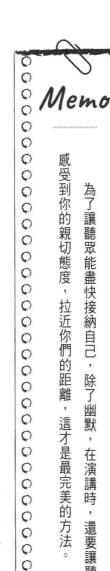

卻，因為我知道，為了我們的國家，為了正義和自由，我願意付出所有，包括生命。我三天三夜沒闔眼，血戰之後，我竟躺在樹林裡睡著了……」

和陶克將軍的演講比起來，約翰‧海倫的演講要顯得樸實多了，他說：「親愛的同胞們，陶克將軍說得不錯，他確實在那次戰鬥中立下了汗馬功勞。我當時只不過是他手下的一名普通士兵，和他一起出生入死。那次，他在樹林裡入睡時，我就站在他的身旁守護他。當晚我帶著武器，飽嘗寒冷的滋味，還時刻準備用我的身軀為他擋住隨時會射來的子彈。我在心中自訴，我是一名士兵，我要保護將軍的安全……」

約翰‧海倫的一番演講贏得了民眾熱烈的掌聲，他出乎意料地獲得了選票和最終的勝利。

約翰‧海倫的競選演講之所以能獲勝，原因在於他的演講聽起來更真實、更親切，更容易被民眾所信賴。首先，他虛心承認自己是一名普通士兵的態度，拉近了與廣大民眾之間的距離；其次，身為一名普通士兵，他能在惡劣的戰爭環境中堅守自己的崗位，盡忠職守，讓人覺得他更值得信賴。而陶克將軍在競選演講中，雖然列舉了自己的赫赫戰功，言辭慷慨，但是始終保持著對民眾的一種高姿態，無法給人親切、真誠的感受。因此，失利也在情理之中。

演講者的幽默，還有親切的態度，對演講效果影響是非常大的，幽默能讓你更貼近聽眾的心，贏得聽眾的信賴，最終得到他們的支持。

樹立詼諧的演講風格

詼諧的風格，在職場演講中具有十分重要的價值。不僅如此，幽默還滲透到我們工作的各個層面。在宴會上，在學校裡，在座談會上，在公共集會上，或是其他社交場所，我們每個人幾乎都有與別人發生爭辯的時候。細心回顧一下，如果你能掌握詼諧講話的技巧的話，恰如其分的詼諧，就能使你擺脫窘境。

事業或工作上的複雜人際關係，讓我們迫切需要幽默的力量，以便擺脫許多不必要的麻煩。有人在職場演講時，感到緊張不安，寄望從學會幽默以擺脫緊張，當然，真正做起來可沒這麼簡單，其中蘊含著許多規律，需要我們好好學習。

有的人演講了一個多小時，大家也沒聽出什麼新意。其實，若能穿插一兩個小小的幽默故事，就能使這一個小時所講的東西變得豐富，長篇大論不比短小精悍、言之有物更有價值。許多人對自己的演說能否成功沒有把握，其實問題沒那麼難，只要掌握畫龍點睛、深刻有力的重點，不必追求名揚四海，流傳千古。

學會在職場演講中運用詼諧的力量，大有助益。詼諧能使你受人歡迎，幽默能讓你在人們心中留下一個可親可敬的形象，你的觀點也就更容易為大家所認同。

有人認為，職場演講的開場白通常分兩種，一種是速成式，意即在一開場便立刻抓住聽眾的注意力；另外一種是緩慢式，不妨先用幾分鐘的談話使聽眾們了解你要講些什麼，有什麼好東西可以拿出來與大家共同分享。無論是哪一種形式的開場白，詼諧的力量都能幫你順利將演講引入正題。有趣的開場白會在你和聽眾之間建立起成功的連結，直至你演講結束。

有位辯論家說：「據我了解，發揮詼諧力量的一個重要目的，就是讓聽眾認同你說的話並喜歡上你。只要他們喜歡上你，那麼肯定就會喜歡你所作的演講。」

在一次演講的開始，演說者的開場白立刻引起了大家的興趣：「人們都羨慕我到了這把年紀還保持著良好的體態，這點得歸功於我的夫人。二十五年前，我們結婚時，我曾對她說：『希望我們以後永遠不要爭吵，親愛的。不管遇到什麼心煩的事，我絕不和妳吵架，我只會到外面去走一走。』所以，諸位今天能看到我保持著良好的體態，正是二十五年來，我每天都到外面走一走的結果！」

如此詼諧的開場白，營造了愉快的氣氛，便是成功因素之一。隨著談話逐步進入重點，更需要講者持續努力，緊緊抓住聽眾的注意力。

Memo

講者應知，聽講者注意力的集中是相對的、暫時的，因為人們的思緒不會停歇，在吸引聽眾注意力上不能期望一勞永逸。一旦演講者用平淡的口氣敘述，聽眾就會感到乏味，注意力難免會分散。

有人評價這樣的演講者說：「當他講完時，全場一下子甦醒過來，人們都願意伸個懶腰。」只有巧用詼諧，才能避免職場演講過程中出現這種局面。

身為主講人，必須時時觀察聽眾的反應，一旦意識到部分聽眾已經轉移了注意力，就要努力拉回來。你可以改變一下話題，或是換一種講話方式，用一句俏皮話，或一則笑話把詼諧的力量再次傳達給聽眾。

同時注意，詼諧應當與演講的內容密切配合，並使這個詼諧成為你所要傳達的信念之一，不講與演講內容毫無關聯的笑話。如果你說笑僅只是為了引得眾人發笑，那麼聽眾的注意力人仍會隨著笑聲的消失而再度分散。

臨場演講，發揮幽默

演講的種類多，有命題演講、學術演講、論辯演講等，此外還有臨場演講，指的是演講者事先未作準備，這是種極需即席反應的一種演講方式。

臨場演講，要善於臨場發揮，隨機應變，幽默機智的發現演講現場可利用的人、事、物，並將它們現「炒」現「賣」，做成聽眾喜愛的「精神食糧」，為演講增添光彩，為聽眾奉獻精彩。

一九九九年的青年節，有個很出名的演講比賽，名為「演講與口才杯」，主題是「做文與做人」。中央臺的主持人白岩松也參加了這場高水準的比賽，並獲得了成功。在白岩松演講之前的選手是《西藏日報》的記者白娟。她極富感染力的向大家講述了自己作為一個駐藏記者的自豪和作為母親的心酸。她常年在雪域高原戰鬥，與兒子在一起的時間每年只有三個月，而且每年都是和兒子剛混熟又不得不再次分開，她的演講情真意切，令人動容。

白岩松緊接著上場說：「我是一個兩歲孩子的父親，我知道，在一個孩子一歲半到兩歲之間，沒有母親在身邊，對於母親來說是怎樣的一種疼痛，我願意把我心中所有的掌聲，都獻給前面的選手。」他的話音剛落，全場就響起了一陣雷鳴般的掌聲。

在前面參賽者令人感動的演講後，如果緊接著匆忙開始進行自己的演講，很難收到很好的成效，因為此時聽眾還沉浸在前一位演講者的深情演說中，所以白岩松就地取了前一位選手之材，表達出自己真誠美好的敬意，順應了現場觀眾的心理需求，激起現場觀眾感情的另一個高潮，既讚揚了別人，又為自己的演講助興，在把掌聲獻給別人的同時，也為自己贏得了掌聲。

即興演講難就難在無法事先準備，需要演講者就地取材，挖掘當時當地的素材，進行即興發揮。

Memo

即興演講，應以短而精為佳，雖然簡潔，但內容精闢，結構嚴謹，能夠為聽眾帶來相當大的衝擊力。

真正做到「演講」，而不是讀稿子，如此說出的話才會更生動，更有說服力，聽眾也能更容易的接受。

臨場演說的難度更大，想要贏得聽眾的共鳴就更難，我們不妨運用幽默來為自己的演講加分，同時還能帶動現場的氣氛。

巧用幽默化解演講中的尷尬

幽默是一種言語或行動，它不是武林絕技、刀槍劍棍，也不是排山倒海的兵力，它是知識與智慧的結合，在知識之力、智慧之力的輝映下，幽默展現出化險為夷的魔力。當你處於受人非難的尷尬處境，處於四面楚歌的危急情境之時，幽默能賦予你轉敗為勝的力量。演講過程中，有時會發生一些意外事件，令演講者尷尬或造成現場秩序混亂等，這正是幽默的用武之地。

幽默是調節現場氣氛的緩衝劑。它像一座橋梁，拉近了演講者與聽眾之間的距離，使陌生的心靈變得更親近，以最敏捷的方式溝通感情，融洽氣氛；以輕鬆的形式化解矛盾和尷尬。同時，幽默還表現出一種才華，一種智慧，使人們能置身於輕鬆有趣又能領悟哲理的環境中。因此，幽默成為大家共同追求和宣導的一種品質。

南非前總統曼德拉在一次全非洲領導人的重要會議上演講，因為年齡大了，他不小心把講稿的頁次弄亂了。曼德拉邊整理講稿，邊風趣的說：「你們要原諒一個老人把講稿的頁次弄亂，不過我知道在座的有一位總統，也曾經把講稿弄亂，但是與我不同的是，他沒有發現，還照樣往下念。」會場頓時響起經久不息的掌聲，因為演講中斷而帶來的尷尬也隨之煙消雲散。

到演講結束時，曼德拉又說：「感謝大會授予我卡巴勛章，我現在退休在家，如果哪一天缺錢花用，我就把勳章拿到大街上賣。我知道在座有一個人一定會花大錢買的，他就是我們的總統姆貝基。」姆貝基和在座的所有人都被曼德拉的幽默打動，他們起立為曼德拉鼓掌，目送這位風趣的老人退場。

對付意外狀況的最佳辦法就是準備周全，還要聰明的應變，化尷尬為戲劇性的幽默和自嘲，這一點，賈伯斯的表現就值得我們學習。

賈伯斯在WWDC發表專題演講介紹蘋果的新產品iPhone4，講了大約四十分鐘時，突然停頓下來。他原本想向聽眾展示iPhone4的視網膜顯示器功能呈現的網路文字，與iPhone3GS的差異，但在Moscone West會議廳裡的Wi-Fi網路顯然並不合作，只有一支手機的瀏覽器視窗成功下載了文字，另一支手機除了上方顯示下載進度的藍色長條填滿一半外，螢幕是空白一片。

賈伯斯默默處理了一下手機，然後說：「嘖嘖，我想，今天無法向你們示範太多東西，但我可以向你們展示一些圖片。」於是他繼續報告。

在這過程中，他嘗試再次展示手機的瀏覽器功能，但還是不成功。

他向在座的開發者與媒體表示：「各位，真抱歉，我不知出了什麼狀況。」他問，「有人有建議嗎？」

講臺後方某人高喊：「換Verizon（電信運營商）啦！」

這番話引起觀眾一陣笑聲。只見賈伯斯平靜的說：「我們現在用的其實是Wi-Fi。」

在演講的過程中，可能會出現各式各樣的意外情況，讓人覺得尷尬，這些都是難以避免的。

因此，如果你在演講時出現了意料之外的尷尬場面，大可不必驚慌失措。只要能冷靜下來，運用幽默調侃的神奇力量，必可在轉眼間化腐朽為神奇，贏得眾人的喝采。

Memo

在面對尷尬情況時，演講者一定不能當場發作，如果能恰當運用智慧幽默的化解尷尬，不僅能避免讓演講搞砸，反而為演講錦上添花，讓更多的人佩服你的機智和才華。

結尾收得精巧，演講效果必定好

美國演說家喬治・柯赫說：「當你說再見時，必須使聽眾微笑。」在一場演講中，精巧的結尾如繞樑餘音，嫋嫋不絕，讓聽眾餘興未闌，回味無窮。演講的結尾，就是演講的「收口」、「點睛」。

美國作家約翰・沃爾夫認為：「演講最好是在聽眾興趣未盡時戛然而止。」其意即是，最好是在演講達到高潮時果斷畫下句點，以此來讓聽眾留下最佳印象。

拿破崙說：「兵家勝敗決定於最後五分鐘。」我們同樣可以說，演講的成敗，在相當程度上取決於演講的結尾。如果演講者善於在演講開頭與過程中帶來精彩的高潮，並於最末完成一個出人意料、耐人尋味的好結尾，那將猶如錦上添花，會給聽眾帶來一種精神上的愉快與滿足。

相反的，如果演講者設計安排的結尾缺乏新意且平乏無力，未能激起聽眾共鳴且陳舊庸俗、索然無味的話，那將使聽眾深感遺憾，失望而去。因此，演講的結尾品質要比開頭和主體部分更高，內容要更有深度，語言要更有力度，方法要更巧妙，效果要更耐人尋味。可見演講的結尾是走向成功的最後一步，它在整個演講中發揮了不可忽視的重要作用。

在一次有關尼加拉瓜大瀑布的演說中，林肯是這麼結尾的：

這使我們憶及過往。當哥倫布首次發現這個新大陸，當基督在十字架上受苦，當摩西領導以色列人通過紅海，甚至當亞當首次從造物主手中誕生時，當時與現在一樣，尼加拉瓜瀑布早已在此地怒吼。現今早已絕種但遺骨塞滿印第安土墩的巨人族，當年也曾以他們的眼睛凝視著尼加拉瓜瀑布，正如我們今天一般。尼加拉瓜瀑布與人類的遠祖同期，至今它仍與萬年前一樣聲勢浩大。而那些早已衰亡，徒留遺骨證明牠們曾存在於世的巨象，也曾經看過尼加拉瓜瀑布。在這段漫長無比的時間裡，這個瀑布從未靜止，從未乾枯，從未凍結過，從未闔眼，從未休息。

這段演講結尾以回憶過往的形式，連用四個「當……」暢談哥倫布、基督、摩西、亞當等時代，彰顯了尼亞加拉大瀑布的悠久歷史，如滾滾春雷，氣勢不凡。最後，他連續運用五個「從未……」將演講主題推向高潮，然後在突然間戛然而止，卻留下無窮餘韻，給聽眾留下了深刻的印象。可見，結尾的高潮，會讓整場演講留下非常好的印象。

Memo

好的結尾能揭示題旨，加深認識，給聽眾留下完整深刻的印象；能收攏演說，使整場演說渾然一體；能鼓動激情，促人深思，令人覺醒，能讓聽眾在反覆回味中受到教育和啟發。

演講者不僅要熟練的掌握演講結尾的藝術技巧，還要善於設計，安排出既符合內容要求，又符合演講情境的新穎而又精彩的結尾，只有這樣才能使自己的演講取得全面成功。

俗話說：「編筐編簍，重在收口；描龍畫鳳，難在點睛。」演講的結尾，可說是演講的「收口之作」、「點睛之筆」，其重要性與難把握的程度不言而喻。巧妙運用以上幾種方式為演講收尾，相信能使你的演講越發完美，達到滿意的效果。

第十三章

運用幽默在談判桌上扭轉乾坤

創造友好的談判氛圍

談判是我們在生活和工作中常常面臨的局面。當我們為了達到某種目的，或獲得某種利益，而需要與有關單位達成一致意見時，就要與對方進行商談，這種商談就是談判。談判的技巧有很多，幽默絕對是其中不可或缺的一種。

在談判過程中採取幽默的姿態，可以創造友好和諧的氣氛。雙方輕鬆一笑的同時，也就縮短了心理距離，舒緩了對立感。

幽默是談判中的一種緩衝手法，能使原本困難的談判變得順暢起來，讓對方在舒坦輕鬆的氛圍中接受資訊。在談判過程中，總會碰到一些難以表達的處境，此時便需要運用幽默的語言藝術。

採用幽默的語言不僅能夠促進關係和諧，還可以達到曲徑通幽的效果：

高級餐廳內，一名顧客把餐巾繫在脖子上。經理對這個舉動很反感，叫來一名服務生說：「你讓這位先生明白一下，在我們餐廳裡，那樣做是不允許的，但是要把話說得委婉些。」

服務生走到這名顧客面前，有禮貌的問道：「先生，您是要刮鬍子，還是理髮？」客人意識到自己的行為不得體，便從脖子上摘下了餐巾。

服務生繞了一個彎說話，實現了交際目的，這就是曲徑通幽的口才藝術。

幽默還可以讓關係變得和諧：幽默的語言，既能為談判雙方和人際交往創造良好的氣氛，還有助於協調人際關係，使各方都處於精神鬆弛、心情愉快的良好狀態。

幽默對於談判具有十分重要的作用。很多時候談判氣氛形成後，並不是一成不變的。本來輕鬆、和諧的氣氛可能因雙方在實質性問題上的爭執而突然變得緊張，甚至劍拔弩張，一瞬間進入了談判破裂的邊緣。此時雙方面臨最迫切的問題並不是繼續爭個「魚死網破」，而是應盡快使談判氣氛緩和下來。在這種情況下，詼諧幽默無疑是派上用場的最佳武器。

一次董事會議上，眾人對卡普爾的管理方式提出了許多責問與批評，會議頓時充滿了緊張的氣氛，大家都無法控制住自己的情緒。

有一位女性董事質問道：「公司在過去一年中，花了多少錢在員工福利上？」

「幾百萬美元。」

「噢，我真要昏倒了！」

聽到如此尖刻的話語，卡普爾輕鬆的回答了一句：「我看那樣倒好。」

會場上意外的爆發出一陣難得的歡笑聲。那位女性董事也為此笑了，緊張的氣氛隨之緩和下來。

卡普爾用適當的口吻把近似對立的諷刺轉化為幽默的力量，與同仁們度過了緊張的時刻，緩解了眾人浮躁的情緒，轉而心平氣和的致力於問題的解決。尤其在初次談判時，雙方都要寒暄一番以營造良好的談判氣氛。如果能像上述例子中的談判者般，恰當的運用一些幽默語言，就可以將雙方原本陌生的關係塗上一些潤滑劑。

第二次世界大戰期間，英國的首相邱吉爾訪美尋求物資援助，受到了美國總統羅斯福的熱情招待，並下榻於白宮。

有一天早晨，邱吉爾正躺在浴盆裡，抽著特大號雪茄，突然門開了，進來的是羅斯福，他看到邱吉爾大腹便便，肚子露出水面……這一次兩位世界知名偉人的會面，非常尷尬，同時也醞釀著一場政治危機。

突然，邱吉爾扔掉雪茄，微笑著說：「總統先生，我這個英國首相在您面前可真是一點也沒隱瞞。」

邱吉爾以幽默的語言化尷尬為親熱，同時又達到了外交效果，一語雙關，而這場談判最終獲得了成功，英國得到美國的援助。

Memo

在談判中，用幽默的說話方式化干戈為玉帛，就是一種最佳處理方法，你可以利用幽默感，委婉的向對方做出解釋，相信必能消除對方內心中蓄積的不滿與怨氣，從而讓談判重新順利開始進行。

外交會談中傳遞輕鬆資訊

在外交場合中，談論的都是涉及國家利益的大事，但是，在特殊的情況下，也可以適當傳遞一些輕鬆的資訊，例如說些輕鬆的私事，可以讓談話氣氛變得輕鬆，拉近彼此的距離，增進雙方友誼，同時讓對方愛屋及烏，對自己的國家也產生好感。

Memo

外交談話中，傳遞輕鬆的資訊，有助於消除緊張氣氛，起到一定的潤滑作用。

西德總理阿登納於一九五三年四月出訪美國，尼克森和杜勒斯代表艾森豪去機場迎接他。阿登納這次的出訪，對美國與西德的關係而言具有重大意義。其一，這是西德總理的首次訪美，在此之前，美國尚未出現從西德來的官方訪問者；其二，此時距離第二次世界大戰結束才八年，美國對阿登納的接待態度，將意味著希特勒和納粹造成的敵意是否得到緩解。因此，在歡迎辭中，尼克森決定要傳達一種訊息，即：阿登納的訪問，標誌著恢復兩國之間的建設性關係。尼克森是怎麼做的？他是如何傳遞這個重大資訊的？其實他的方法很簡單，就是利用了私事話題。

尼克森說道：「二次世界大戰已經讓邁著鵝步前進的國家主義和軍國主義普魯士——納粹分子，變成了德國的形象，並成了美國民間傳說的一部分。人們常說：『德國兵要不就掐住你的脖子，要不就屈膝投降。』但我知道，德國和德美關係還有另外一面。我夫人的母親生於德國。我自己的母親在大學念的是德文，且向來高度評價德國主要大學所獲得的成就和達到的水準。在杜克法學院，我從隆恩•富勃教授那裡了解到，德國學者對發展西方法律則曾經有過深遠的影響。」

尼克森這番話為雙方的交談拉開了序幕。他的主動友好使阿登納很感動，他對尼克森說：「我願對您的寬宏大量表示感謝。您讚揚了美國和德國之間的友誼，而不提過去幾十年的事情。」事後，雙方會談在輕鬆友好的氛圍中舉行。

尼克森以自己岳母、母親和本人的經歷與見聞為話題，消除了對方的緊張情緒，表明了自己的誠意和友好。這些都是私事，但就因為如此，讓阿登納覺得自己被信任，而拉近了雙方的距離，促成了這次會談的成功。

尼克森這番話，說得神態自若、彬彬有禮，顯得很有涵養，但會晤內容卻暗藏鋒芒，具有很強的攻擊力，使自己輕鬆的取得勝利。

談判開始前，別忘了幽默的寒暄

有時候，談判前幽默的寒暄對於談判的進展意義深刻。太過專業的事務總是讓人覺得枯燥、乏味。幽默的寒暄可以讓大家親切地溝通。幽默的寒暄能拉近雙方的距離，營造良好融洽的氛圍；高明的寒暄還能讓你的無窮之意盡在言外。

任何談判的開始都有一個導入階段，也就是談判雙方見面、寒暄、打招呼和相互問候這一階段。在這個階段，談判雙方一般都會談論一些與談判無關的輕鬆話題。這些表面上看似無關緊要的寒暄，其實對談判結果也有著很大的影響。一個有經驗的談判者能夠透過相互寒暄時的應酬話去掌握談判對象的背景資料。例如：對方的性格愛好、處事方式、談判經驗及作風等，進而找到雙方的共同語言，為彼此之間的心理溝通做好準備，也有些談判者從這種寒暄中，套出自己想知道的內容，以此獲得談判的勝利。

松下幸之助就曾經因寒暄而喪失先機。大家都知道，松下幸之助是日本著名跨國公司「松下電器」的創始人，在他剛「出道」時，曾被對手以寒暄的形式探測到了底細，因而使自己的產品銷售大受損失。

那是他第一次到東京找批發商談判。一見面，批發商很友好的與他寒暄：「我們是第一次打交道吧？以前我好像沒見過您。」

其實這位批發商是想藉著寒暄，來探測對手是生意場上的老手還是新手。當時松下先生因為缺乏經驗，老實而恭敬的回答：「我是第一次來東京，什麼都不懂，請多多關照。」這番看似極為平常的寒暄答覆，卻讓批發商獲得了一個重要的資訊：原來對方只是一個新手。

於是批發商又接著問：「你打算以什麼價格賣出你的產品？」對於這個問題，松下也如實的告知了對方：「我的產品成本一件是二十元，我準備賣二十五元。」

批發商由松下幸之助的回答中得知他在東京人生地不熟，又急於要為產品打開銷路，於是他趁機對松下要求說：「你首次來東京做生意，剛開張商品應該賣得更便宜些。每件二十元如何？」結果沒有任何經驗的松下先生答應了下來，在這次交易中吃了大虧。

究其原因，是那位老練的批發商透過表面上的寒暄探測到對方的虛實，掌握了談判的主動權。松下先生在寒暄中暴露了自己的底細，導致談判中被動與失利的局面。因此，在談判中雙方寒暄時，要避免洩露自身的關鍵資訊，讓對方有機可乘。

談判前期的幽默寒暄不僅是一種禮貌，還具備了融洽氣氛的關鍵作用。

Memo

寒暄不是正式的談判，有人不重視寒暄的環節，就會在無意中洩露了自身的重要資訊。一旦你能抓住這些資訊，就能輕而易舉的在談判中占據主導地位。

以幽默語言回敬對方的無禮攻擊

談判雙方要相互尊重。無論雙方在個人身分、地位上有多大差異，他們所代表的組織在力量、級別上如何強弱懸殊，只要一坐上談判席，雙方就都是平等的。

但是，有的談判代表自恃地位高貴，或背後實力強大，在會談中傲慢無禮，對另一方挖苦攻擊，試圖在氣勢上壓住對方，迫其屈服；也有代表自身涵養不好，談判不順利時惱羞成怒，對另一方侮辱謾罵。在此類情況下，若要不辱使命，不失氣節，又不致加重衝突，被攻擊的一方可運用幽默語言回敬無禮的一方，壓抑其氣焰。

戰國時代，齊國大夫晏子出使楚國。楚王打算在接見他之前侮辱他一番，以此來挫一挫齊國的威風。他先是在大門之側開了一個小門，不讓晏子從大門進入。這時晏子沒有板起面孔斥責楚國的無禮，而是半開玩笑半認真的說道：「出使狗國者，從狗門入，今臣使楚，不當從此門入。」

楚王聽聞此言後無言以對，只好命人打開城門把晏子迎了進去。簡單的兩句話，真中帶假，假中有真，既可當假，亦句句是真，既罵了對方，又巧妙的把楚國與狗國區分開來，為對方打開大門留好了退步的階梯。

楚王接見晏子時，看他身材矮小，就挖苦的說：「難道齊國沒有人了嗎？」

晏子隨口應答：「齊國首都臨淄大街上的行人太多了，一舉袖子就能把太陽遮住，流的汗像下雨一樣，人們比肩接踵，怎麼會沒有人呢？」

「既然有這麼多人，怎麼會派你這樣的矮子為使臣呢？」

「我們齊王派出使者是有標準的。最有本領的人，派他到最賢明的國君那裡去。我是齊國最沒出息的人，因此被派到楚國來了。」

晏子面對楚王的人身侮辱，從容反擊，他順著楚王的話貶低自己，抬高自己的國家，同時有力的奚落了楚王，說得楚王瞠目結舌。

晏子以自己的機智和雄辯，打擊了對方的囂張氣焰，維護了自己的尊嚴，從而為後來的談判鋪設了平等的道路。

在談判過程中，難免會碰到對方盛氣凌人的挑釁，這樣情況下，不妨將一些凌厲逼人的辯詞給予表面上的否定，這就是「故作否定」。這樣既可以使我們的攻勢痛快淋漓，又不至於與粗俗無理的對方一樣難堪，可以讓我們很有風度的贏得漂亮的一戰。

Memo

在幽默中回敬對方無禮攻擊的做法，既顯示出足智多謀和寬宏大度，又映襯了對方的淺薄和狹隘，還能在觀眾面前樹立光輝的人格和形象。聰明的談判者總是很善於運用此法達到談判目的。

語言幽默，討價還價好成功

在商業談判中，「價格之爭」永遠是最關鍵的問題。雙方常常在這個問題上爭執不休，僵持不下，都想盡可能的爭取到有利於己方的價格。我們來看看以下兩個以幽默的討價還價取得成功的例子。

世界上第一位女大使柯倫泰曾經被任命為蘇聯駐挪威全權貿易代表。一次，她和挪威商人談判購買挪威鯡魚。挪威商人出價高得驚人，她的出價也低得使人意外。

雙方開始討價還價，在激烈的爭辯中，雙方都試圖削弱對方的信心，互不讓步，談判陷入僵局。最後柯倫泰笑笑說：「好吧，我同意你們提出的價格。如果我方政府不批准這個價格，我願意用自己的薪水來支付差額。但是，這自然要分期支付，可能要支付一輩子。」

挪威商人在這樣一個談判對手面前沒辦法了，只好同意將鯡魚的價格降到柯倫泰認可的水準。

柯倫泰用了虛晃一招的戰術，同意對方的要價是假，只是為了讓對方明白，這樣的高價蘇聯政府根本不會批准，即使她個人讓步也是沒用的。

三名日本航空公司代表與美國某公司的經理進行業務洽談。美國經理表現得精明能幹，在長達兩個半小時的會議中滔滔不絕，以各種資料論證他們的開價。與此同時，幾名日本商人一言不發的靜靜坐在那裡。

最後，美方經理認為已經做了充分的論證，自信能夠爭取到有利於自己的價格，這才充滿希望的問日本人：「好啦，我說完了，你們有什麼想法？」

「我們沒聽懂。」日本人很有禮貌的回答。

美方傻眼：「你們什麼意思？沒聽懂？哪個地方沒聽懂？」

「你講的全部。」日本人彬彬有禮的要求，「你能再給我們講一遍嗎？」

美方經理的信心與熱情被當頭潑了一瓢冷水，原來自己的長篇大論都白說了，而再次陳述兩個半小時顯然是不可能的，美方只好同意降低價格。

當對方向你大喊大叫、揮拳擊掌時，只不過希望你心慌意亂，而做出錯誤的抉擇。如果你能頂住壓力，掌握問題的實質，並直擊其軟肋，最先洩氣的一定是對方。

商業談判雖然是緊密且與利益掛鉤的，但並非完全不受其他因素影響的。只要你幽默的得當，贏得最終的討價還價，絕對是輕而易舉的事！

Memo

威脅是談判中慣用的伎倆。威脅比提條件、說服要來得更容易，只需「放幾個空炮」，且無需兌現，因此許多談判人員會不自覺的使用威脅手段。在面對無理威脅時，保持清醒的頭腦，靜觀局勢才能巧妙破解。

荒唐幽默，對應不合理要求

在談判中，有時談判對手固執己見，堅持誇張而不合理的要求時，我們可以打破思維常規，從意想不到的角度提出荒唐的意見，使對方在發出一笑的同時，明白自己見解的不妥，這時如果能再趁熱打鐵，就能取得談判的勝利。

張儀是戰國時期著名的政治家、外交家和謀略家，素有「連橫之父」的稱號。他曾經前往遊說楚懷王，但是楚懷王根本就聽不進他的建議。就這樣，張儀很快的陷入了困境，身上的銀兩快要用光，身邊的人也一個一個離開了他。

怎樣才能讓自己擺脫這樣的困境呢？張儀暗暗思忖著。後來，他注意到了一件事，他發現楚懷王非常好色，而當時南后和鄭袖兩名美女正受他寵愛，於是他打定主意再度求見。

他一見到楚懷王，就直接說：「看來王並不想提拔我，因此，我想告假到晉國去看看。」

楚懷王自然是爽快的答應了。於是張儀又問：「那麼，您不想要晉國的什麼東西嗎？」

楚懷王聽了自負的一笑，說：「我國有黃金、玉、犀、象，什麼也不缺。」

「難道您不想要女人嗎？」張儀不動聲色的說。

「你的意思是……」楚懷王聽罷，有些動心了。

「聽說晉國女人美如天仙呀！」張儀繼續誘惑楚懷王。

「哦，可能是因為我國地處偏遠，所以沒有晉國美女。這我倒是很想要的！」楚懷王一聽到美女就來勁了，立刻為張儀提供了大量錢財，以便為他網羅美女。這件事被南后和鄭袖二人聽到了，她們非常擔心，怕張儀如若帶回了晉國的美女，那麼自己一定會失去大王的寵愛。

於是南后趕緊派人前往張儀那裡，使用懷柔策略，對張儀說：「聽說先生要前往晉國，這兒有千斤黃金，就權當路費吧！」

鄭袖也運用了懷柔的政策，贈送了五百金給張儀。這下張儀身懷鉅款了，於是他再度向懷王告別。

當懷王賜酒時，張儀看準時機，開口說道：「陛下不覺得只有我們兩個人太寂寞了嗎？能否請您喜歡的人來陪伴呢？」

「你說的有道理。」楚懷王聽後召了南后及鄭袖來敬酒。

張儀看了二女一眼，立刻露出驚訝的表情，然後畢恭畢敬的對懷王說：「我犯了大錯了。」

楚懷王驚訝的問：「什麼事？」

「我走遍各國，還是第一次看到這樣的美女，先前居然不知道，真是太失禮了。」

一番話說得懷王非常開心，他面露得意之色說：「算啦！不必在意。其實我也認為天下沒有比這兩人更美的了。」

於是，張儀毫不費力，沒花一分本錢，就獲得了大筆金錢。同時，還讓楚懷王及他的兩名寵妃都覺得很滿意。

張儀之所以能勸服楚懷王，獲得了談判成功，是因為他找到並抓住了楚懷王的弱點，然後針對這個弱點找出對策，最後自然事半功倍，得到了他想要的東西。

贏得一場談判，最重要的就是要說服對手接受自己的觀點，當然，這也是最難的。所以，為了達到說服對方的目的，就要用上各種手段，而幽默絕對是其中的首選。

詼諧幽默沖淡談判桌上的火藥味

在談判過程中，雙方常在關鍵性問題上互不讓步，爭執不下，導致談判桌上瀰漫著濃濃的火藥味，時刻面臨談判破裂的危險。如果在談判時發現，談判破裂將會為自己造成重大損失的話，這時可以運用幽默來說服對方，或做些許讓步，保住主要利益，從而打破僵局，使談判得以繼續進行下去。

現任美國鮑爾溫交通公司總裁的福克蘭，在年輕時，由於成功的處理了一項搬遷業務而青雲直上。當時，他是該公司機車工廠的一名普通職員，在他的建議下，公司收購了一塊地皮，準備用來建造一座辦公大樓。但是這塊地皮上原本居住的一百多戶居民，都得因此舉家搬遷。

在居民中，有一位愛爾蘭老婦人，首先跳出來拒遷。在她的帶領下，許多人都拒絕搬走，決心與機車工廠周旋到底。

福克蘭對公司說：「如果透過法律手段來解決這個問題，勢必曠日廢時。但我們更不能用強硬的手段去驅逐他們，這樣是給自己樹敵，即使大樓建成，我們也將不得安寧。這件事還是交給我去處理吧！」

當福克蘭找到這位愛爾蘭老婦人時，她正坐在房門前的石階上。

福克蘭故意在老婦人面前憂鬱的走來走去，引起她的注意。

果然，老婦人開口說話了：「年輕人，你有什麼煩惱？」

福克蘭走上前去，他沒有直接回答老婦人的問題，而是說：「您坐在這裡無所事事，真是太可惜了。我知道您具有非凡的領導才能，實能成就一番大事。聽說這裡將建造一座新大樓，您何不勸勸您的老鄰居們，讓他們找個安樂之地，永久居住下去，這樣，大家都會記住您的好處。」

福克蘭這幾句看似輕描淡寫的話，卻深深地打動了老婦人的心。不久後，她變成了全費城最忙碌的人。她到處尋覓住房，指揮她的鄰居搬遷，把一切辦得穩穩妥妥的。而公司在這項大規模搬遷過程中，僅付出了原來預算代價的一半金額。

談判時難免出現僵局，如果對方無意打破僵局，我們就應該採取主動，設法打破僵局，將談判引向有利於自己的方向發展。當然，採取主動不是急於求成，而是以退為進，告知對方我們對簽約的事沒那麼著急，給對方一個壓力，才能後發制人，掌握主動權。

Memo

談判中並不是自始至終都是一帆風順的，出現僵局也是情理之中的事，談判的僵局看似「山窮水盡疑無路」，但只要找出問題所在，就能夠「柳暗花明又一村」。事實上，許多談判之所以陷入僵局，常常是基於談判雙方在立場、感情、原則上存在著分歧，而這些分歧透過談判者的努力，仍有機會解套，還是有辦法取得談判成功的。

第十四章 嚴肅場合用幽默來調節氣氛

發言時不妨幽默一下

別以為你不是上司就不需要開會。只要是上班族，隸屬於某一組織、團體，有事要協商或傳達時，就需要開會。所以說，開會是上班族日常生活中必不可少的一個交際場合。

有些會議立意良善，確屬認真討論及解決問題的會議，只可惜氣氛不活躍，缺乏生氣，開起來枯燥乏味，讓人漸漸失去耐性。當你參加此類會議時，就不妨幽默一點，為沉悶的會議調節氣氛。

如果你是會議的主持人，一定要懂點幽默，因為主持人在會議上扮演著關鍵角色，擁有隨時發言的權利，如果主持人具幽默感，那麼會議的氣氛就能輕易的活絡起來。

著名戲劇團體「南國社」曾在南京舉行大公演。位於遠郊的曉莊學校校長陶行知先生向「南國社」寫了邀請函。戲劇家田漢代表劇團欣然接受了邀請。當天晚上，全體師生和周圍農民為南國社舉行了歡迎儀式。

陶行知先生主持了歡迎儀式，他說：「今天我是以『田漢』的資格歡迎田漢。曉莊是為農友辦的學校，農友是曉莊師生的朋友，我們的教育是為『種田漢』而辦的教育。所以我是以一個『種田漢』代表的資格，在這兒歡迎田漢！」

田漢則致答謝辭說：「陶先生說，他是以『田漢』的資格歡迎田漢，實不敢當！我是一個假田漢，陶先生是個真『田漢』，我這個假『田漢』能受到陶先生這個真『田漢』以及在座的許多真田漢的歡迎，實在感到榮幸！」

陶行知的歡迎辭與田漢的答謝辭，博得全體師生及農民的熱烈喝采，這場歡迎儀式的氣氛也活絡了起來。

陶先生在歡迎辭中，巧妙的將他們為種田和辦學的宗旨，與戲劇家「田漢」的姓名聯繫起來，新奇風趣，達成了活絡氣氛的效果。田漢先生呼應了陶先生的說法，做了生動而得體的答謝。這一唱一和，為這場會議奠定了輕鬆愉快的基調。

Memo

在會議上發言，少不了幽默來助陣。因為，在會議上發言的人，如果講得生動風趣，容易使人接受，並能給別人留下深刻印象。但如果做的報告枯燥無味，則易使人昏昏沉沉。

在延安的一次演講會上，當演講快結束時，毛澤東掏出了一盒香煙，用手指在裡面慢慢摸索，掏了半天，也沒掏出一支煙來，看樣子是抽光了。

隨行人員見狀十分著急，因為毛澤東煙癮很大，於是立即有人動身去取煙。毛澤東一邊繼續摸著煙盒，一邊接著演講，過了好一會兒，他笑嘻嘻地掏出了裡面僅存的一支煙，夾在手指上高舉起來，對著大家說：「最後一條！」

這個「最後一條」，一語雙關，妙趣橫生，既是說「這是最後一支煙」，也暗示著「這是毛澤東演講的最後一個問題」。於是全場大笑，聽眾們的疲勞和倦意也在這陣笑聲中，一掃而空了。

新聞記者會上的幽默機智

在新聞記者會上幽默的回答問題，能完美的展現個人的風度。特別是對於難以正面回答的問題，幽默語言更能發揮神奇的效力。

在新聞記者會上，有時記者會提出非常敏感、令人難堪的問題，或是具有攻擊性的挑釁問題，在這種情況下，受訪者千萬不能氣急敗壞或惱羞成怒，而是應以幽默語言瓦解其攻擊，或是將對方攻擊的矛頭轉移到別處，機敏而輕鬆的做出保護自己的回答。

鞏俐因在電影《紅高粱》中飾演女主角一炮而紅，因此在香港《紅高粱》首映的記者會上，記者紛紛對她進行專訪。

一名香港記者問道：「妳對自己的相貌如何評價？」

鞏俐笑一笑，回答說：「我覺得我的牙齒很漂亮，因為它不整齊而與眾不同。」

自己評價自己的相貌，這是很讓人為難的事。鞏俐巧妙避開了問話的鋒芒，不作正面的回答，而只選擇了「牙齒」這個小部位，說了一句很討喜的話，這就比直接誇耀自己的美貌要來得聰明多了。確實，鞏俐相貌出眾，不在於五官長得標準，而在於她長得有特色、能出戲，特別是那一口小虎牙，更是別具一格。

在一些國際間的記者會上，有時記者提出的問題涉及國家組織機密，這些當然不適合公開，但又不能對記者的提問置之不理，如果簡單回應：「無可奉告」或「這個答案不能告訴你」，則顯得生硬，將使提問者感到失望不快。

這時，答問者可以運用幽默語言，機智的避開正面回答，用轉換概念的方式，給予牛頭不對馬嘴的答覆，這就是「巧予閃避」。或者顧左右而言他，表面回答了記者的問題，實際上沒說出任何實質性內容，這就是「無效回答」。這樣，記者雖然從答話裡無法獲得什麼資訊，但在輕鬆一笑的同時，既避免了難堪，也獲得了心理上的滿足，讓談話雙方仍可繼續保持愉快的問答關係。

面對一些機密問題，如何能做到含糊不洩密，同時又不至於讓氣氛過於嚴肅呢？羅斯福總統給我們上了生動的一課。

一九四二年四月十八日，美軍大黃蜂號航空母艦安靜的停在海灣上。而航空母艦的甲板上，黑壓壓的停滿一架架美國空軍飛機，整裝待發。

只聽一聲令下，這一架架的飛機都騰地升空，衝入雲霄，飛往日本海島。

就在這天，日本首都東京遭到這些飛機的轟炸。一顆顆扔下的炸彈落地開花，使日軍一時驚恐萬狀，大家人心惶惶。

這次空襲，大幅打擊了日軍的囂張氣焰，美國總統羅斯福也非常興奮，為鼓舞盟軍士氣，他決定在當天召開一場記者會，準備公布這條新聞，借助新聞媒體來大造輿論。

然而羅斯福在興奮過後，逐漸冷靜下來。他思來想去，在總統辦公室不停地來回踱步，口裡還喃喃自語：「要是記者們對此窮追不捨，豈不暴露了『大黃蜂』號航空母艦的準確位置？豈不給美國此後的作戰行動帶來嚴重後果？」

突然，他眼前一亮，腦中閃過了一個美妙的字眼：香格里拉。他一拍自己大腿，決定就說香格里拉！

記者會如期召開。會上，群情高漲，很多記者都在討論這次空襲，一個個說得面紅耳赤。

果然，一名記者搶先發話了：「總統先生，這次空襲消息一旦公布，一定會大大鼓舞盟軍士氣，你能否講出美軍飛機的準確起飛地點？」

會場一下子鴉雀無聲。電視臺、廣播電臺的記者都舉起了攝影機、話筒，報刊的記者們也舉筆等待記錄。

這時羅斯福脫口而出：「香格里拉！」

香格里拉，意味著世外桃源。聽到這一回答，記者們發出了一片歡呼聲。因為這個妙語為空襲增添了鼓舞人心的喜劇色彩，而那些企圖從這次記者會嗅出蛛絲馬跡的日本情報機關，對這個回答更是大失所望，這能讓他們到哪兒去找確切地址呢？

可見，在外交活動中，活用「聲東擊西」的語言技巧，是政治家迴避難纏問題、活絡氣氛的最佳選擇！

Memo

幽默不是笑話，不是機智，更不是笑笑而已，它是一種內在境界，是一種由語言和行為來表達的態度和觀念，也是一種人生態度。

把球拋給記者

記者會上遇到不好回答的問題，有些時候可以不用自己解答，而是反過來問記者問題，化被動為主動，將球拋回給對方，讓記者自己悟出答案。這種方式說服力很強。

英國一家電視臺採訪作家梁曉聲，以現場直播的方式進行。採訪進行一段時間後，記者說：「下一個問題，希望你做到毫不遲疑的用最簡單的一兩個字，如『是』或『否』來回答。」梁曉聲點頭認可。

記者馬上將話筒伸到梁曉聲嘴邊，問：「沒有『文化大革命』，可能也不會產生你們這一代青年作家，那麼『文化大革命』在你看來，究竟是好是壞？」

梁曉聲稍稍一愣，立刻反問：「沒有第二次世界大戰，就沒有以反映第二次世界大戰而聞名的作家，那麼您認為第二次世界大戰是好是壞？」

記者試圖將梁曉聲置於自我矛盾的境地之中，而「文化大革命」與作家的關係又不是三言兩語能夠說清的。梁曉聲機敏的反問記者對第二次世界大戰的看法，實際上也等於完美的回答了他的問題。

美國前總統卡特，最初給人不善言辭的內向印象。其實，這只是表面現象，實際上他是個非常機智詼諧的人，有的人還說他是「冷面幽默」。我們來看看他是怎麼個幽默法。

曾有記者問吉米・卡特為什麼不多說些自嘲風趣的話，卡特沒有正面加以辯解過。有一名叫唐納遜的記者總愛給卡特出難題，為此卡特耿耿於懷，於是打算略施手段「報復」一下。

一次他提前了一些時間走出白宮，快步走向等候的記者們，然後低聲對他們說了些什麼。唐納遜本在另一邊悠閒的等卡特按時出來，沒想到卡特來了這麼一手，他趕緊朝那邊飛奔過去，這時卡特已講完話往回走了。

唐納遜氣喘吁吁地趕到後，詢問別人「卡特到底說了些什麼」。別人告訴他，卡特對他們說「想看看有什麼方法可以使唐納遜離開」。

還有一次，卡特在唐納遜等人陪同下參觀印度農村的一個沼氣池。這個池邊的氣味很難聞。於是唐納遜問卡特，要是他掉到池裡，卡特會不會拉他一把。

「當然。」卡特說。停頓了一下，卡特又補充道：「不過要過一會兒。」

卡特這些幽默調侃的話語，非但沒有惹得記者不高興，反而讓他們對卡特的敏捷反應感到驚奇和佩服，他以行動和話語駁倒了他人曾說他不夠幽默風趣的評論。

莉蓮・卡特是美國前總統吉米・卡特的母親。一天，莉蓮・卡特正在家裡料理家務。突然，一陣門鈴聲傳來，她跑去開門一看，是一名記者。

其實，對記者的這種頻繁來訪，莉蓮．卡特是感到很厭惡的，但是出於禮貌，她還是說：「見到你，十分高興。」

記者說：「你兒子到全國各地去演講，並告訴人們，如果他曾對他們撒謊，就不要選他。你能不能誠實的告訴我，你的兒子是否從未撒過謊？因為世界上再沒有人比您更了解您的兒子了。」

對於這種不友善的犀利問話，莉蓮．卡特的回答是：「說過，但那都是善意的。」

記者又問：「什麼是善意的謊言？您能不能給我下一個定義呢？如果不好下定義，舉個例子也可以。」

於是莉蓮．卡特說：「比如說，您剛才進門時，我說『見到您，十分高興』。」

記者聽出了話中的諷刺意味，於是十分狼狽的離開了莉蓮．卡特家。

卡特母親這句話，看上去雖然溫和，但暗藏鋒芒，巧妙的諷刺了咄咄逼人的記者，既迴避了尖銳的問題，又成功的讓記者知難而退。

幽默是政要的制敵武器

我們常常在電視報導、新聞採訪中，看到各國領袖、政要們的優雅談吐、妙語連珠，當然還有他們偶爾流露出的幽默感，這些無疑都給我們留下了非常良好的印象。不過，這些大人物的幽默，可不僅僅是為了博得廣大人民的支持，每當與政敵過招時，幽默就是他們一招制勝的祕密武器。

一九四三年，英、美、蘇三國首腦在德黑蘭會談。史達林嚴肅、冷淡，且沉默寡言。羅斯福想盡一切辦法要打破史達林的緘默。然而三天過去了，毫無進展。到了第四天，他決定採取一個新戰術。他先在暗中對邱吉爾說：「溫斯頓，過一會兒我將做一件蠢事，雖無惡意但言詞可能冒犯到你，希望你別惱火。」

羅斯福先和史達林進行個別談話，談得看似十分友好而投機，然而史達林臉上仍無笑意。這時，羅斯福掩著嘴低聲說道：「溫斯頓今天早上真有點兒古怪，他從床的一頭轉到另一頭，不知他在幹些什麼玩意兒。」

此時，史達林的眼神微露笑意。隨後，他們坐在會議桌前時，羅斯福進攻邱吉爾，用一連串無聊的話取笑他，擠兌他的英國紳士風度、他的大雪茄、他的古怪動作，又講了約翰牛（指英國人）的種種笑料。

史達林開始有所動，可邱吉爾滿臉漲紅，瞪目怒視。他越惱火，史達林越發感到可笑。最後，史達林終於禁不住哈哈大笑起來。

羅斯福接著講下去，一直講到大家和史達林一同歡快的大笑為止。此後，史達林稱羅斯福為「約瑟大叔」，經常向他露出笑容，還常常主動和他握手。

在第二次世界大戰期間，艾森豪以盟軍統帥的身分，前往亞琛附近一個陷入嚴重困難的供應站去視察。他在那裡發表了一篇簡短的演說，博得了廣大士兵的熱烈掌聲。但當他走下講臺時，不慎跌到泥潭裡，惹得士兵們哄堂大笑。艾森豪不僅不發怒，而且跟大家一起大笑起來，並且說：「某些跡象告訴我，我這次到你們這裡來視察，是一次巨大的成功。」

在政要們的過招中，經常會遇到對方的刁難和棘手的問題，難免可能產生一些突發事件，如果處理不當，輕則造成尷尬氣氛，重則讓自己尊嚴掃地。因此，具備必要的幽默技巧是最好的擋箭牌及武器。

幽默可以破解外交僵局

外交活動中，難免會有雙方都不願對分歧做出妥協的時候，此時，就可能陷入僵局。僵局的出現會損害雙方的利益，因此，唯有雙方相互理解、都做出讓步才可能走出僵局，否則只會讓談判走向破裂。打破僵局的方式很多，從語言角度來說，幽默一下，調節緊張的氣氛，是很有效的手段。

一九八八年七月二十二日，在前蘇聯的克里姆林宮，舉行了一場高潮跌宕、扣人心弦的會談。與會的是日本首相中曾根、前蘇聯共產黨總書記戈巴契夫。

整場會談氣氛緊張，局面僵持。戈巴契夫氣憤的聲稱：「據說，在日本居然有人說『今後只要日本持續不斷的增強經濟力量，蘇聯便將乖乖地屈服於日本的經濟合作』。殊不知，這觀點大錯特錯！蘇聯絕不屈服！」一度，他竟用拳頭將桌子敲得砰砰作響。

當然，中曾根也不示弱，他以強硬的口吻反駁道：「儘管如此，兩國加深交往也是重要的，阻撓兩國關係發展的，正是北方領土問題。而造成這個問題的原因在於史達林竟派兵登上了隸屬於北海道的島嶼。」

後來中曾根意識到，必須打破這種僵持的局面，才能取得談判的進展，於是開始語氣和緩的說：「我畢業於東大法律系，你則是步出莫斯科大學法律系。我們倆同屬法律系畢業生，理應了解國際法、條約和聯合聲明為何物。國際上都承認日本的主張是正確的。」

接收到中曾根有意緩和矛盾的信號，戈巴契夫總書記的臉上也蕩起一抹愉快的笑容，微笑著答道：「我當法律家虧了，所以變成了政治家。」此語一出，巧妙的避開了中曾根話題的鋒芒。

幽默能緩解人們的緊張對立。戈巴契夫的一句幽默話，使本來雙方針鋒相對的僵局得以打破，緊張的氣氛得到了緩解，談判得以繼續進行。

在外交活動過程中，隨著外交活動的越發深入，雙方內心都會越來越忐忑不安，尤其是局面陷入僵局時。這時，可運用幽默的外交手腕緩解尷尬氣氛，穩定自己的情緒，使氣氛變得輕鬆、活潑，從而打破僵局，掌握主動權，為外交活動成功奠定一個良好的基礎。

當然，想用幽默打破僵局，也存在著相當高的難度。所以，我們得掌握一些必要的技巧：

首先，用幽默打破僵局時，可以適度開玩笑，但必須視具體情況和對象因地制宜，就近轉移，不能不著邊際，風馬牛不相及。

其次，須具備對語言駕輕就熟的技巧。有時玩笑開得不好，雖然能暫時緩和一下緊張的氣氛，但對大局並沒有什麼益處。

最後，也可以轉移話題，但是主旨一定不能改變，雖然不涉及正題，但必須與正題有關，不管繞多少圈子，牛鼻子始終不能放，做到「形散神不散」。

Memo

用幽默打破僵局，也是一種幽默的外交活動技巧。一般人在社交開始時，都懂得運用這種「環顧左右、迂迴入題」的幽默外交活動策略，往往不會一碰面就急急忙忙的切入實際主題，雙方人員也都表現得彬彬有禮，讓雙方有足夠的時間調整步調。

幽默是打破外交活動僵局的一種技巧，出色的外交大師總是會在工作中，巧於言辭，工於心計，在外交談判桌上運用自己的口才和幽默，與外交對手展開智慧謀略的較量，並取得最終勝利。

第十五章 幽默用於行銷

用幽默培養忠實客戶

如果你是一名推銷員，就必然要跟許多陌生客戶打交道，你一定想知道，如何才能讓陌生人接受你這個人，然後接納你的產品？其實最好的辦法就是製造笑聲。幽默的人總是善於製造一種輕鬆的氛圍，來拉近人我之間的距離。

推銷員史蒂芬在一次展覽會上向大家推薦一種鋼化玻璃杯。他首先介紹了這種鋼化玻璃杯的最大特點就是強度高、不怕摔，即使是扔到地上也不會打碎。很多人都對這種新產品流露出極大的興趣。介紹完產品後，史蒂芬為了證實自己所說的話，也為了能夠吸引更多的顧客，他決定當場為大家演示一下。只見他拿起一隻玻璃杯猛的向地上一扔，結果卻大大出乎所有在場人士的預料，玻璃杯被摔碎了。因為他碰巧拿到一隻品質不合格的杯子。

這樣的事情在整個推銷玻璃杯的過程中從未發生過，史蒂芬不禁大吃一驚，顧客們也都感到驚訝。他們雖然都相信史蒂芬剛才所做的介紹是真的，可是眼前的事實，確實使局面顯得十分尷尬。

此時，若史蒂芬驚慌失措，亂了陣腳，結果可想而知，用不了三秒鐘，所有的顧客就會拂袖而去，交易也會因此而失敗。史蒂芬前面所做的一切努力，也將全部付之東流，可謂前功盡棄。但史蒂芬立即控制住自己的情緒，穩住陣腳，沒有露出絲毫驚慌，反而對大家哈哈大笑。

然後，他沉著又幽默的說：「請大家放心，像這樣的杯子我們是不會出售的。」顧客們也都大笑起來，氣氛也立刻活躍起來。

緊接著，史蒂芬又連續扔出四個玻璃杯，都沒有碎。顧客們相信了親眼目睹的事實，紛紛要求訂貨，使得史蒂芬本次的推銷活動獲得了圓滿的成功。

如此幽默的隨機應變，能化解沉默和尷尬，輕鬆氣氛，讓銷售過程愉快和諧。所以，在對尚未對自身商品建立信任的新客戶推銷產品時，幽默的話語越多，交易成功的機率越高。

在與客戶見面推銷的過程中，應當設法打破沉悶的氣氛，讓對方開懷大笑就是一個很好的辦法，要知道，笑聲是深具感染力的。

擅長運用幽默來向陌生的客戶推銷產品的是原一平先生，他曾以「切腹」為梗，來逗笑客戶，取得保單。

有一天，原一平拜訪一位客戶。他首先自我介紹道：「你好，我是明治保險公司的原一平。」

對方看了看他的名片，過了好一會兒，才慢吞吞的抬起頭說：「幾天前曾來過某保險公司的業務員，他還沒講完，我就打發他走了。我是不會投保的，為了不浪費你的時間，我看你還是找其他人吧！」

「謝謝你的關心，你聽完後，如果不滿意的話，我當場切腹。無論如何，就請你撥點時間給我吧！」原一平一本正經的說。

對方聽了這話，不禁哈哈大笑起來，說：「你真的要切腹嗎？」

「不錯，就這樣一刀刺下去……」原一平邊回答，還一邊用手比劃著。

「你等著瞧吧！我非要你切腹不可。」那位客戶說。

「是啊，我也害怕切腹，看來我非要用心介紹不可啦！」講到這裡，原一平的表情突然由「嚴肅」變為了「鬼臉」。

見此情景，客戶開懷大笑，原一平也和他一起大笑了起來。此時，面談的氣氛變得非常融洽，推銷的進展也很順利。

原一平本來面對的是一個沉悶的氣氛，客戶顯然對推銷很排斥。但是他用一句幽默的話語，同時配上搞笑的動作逗笑了客戶，使得兩人之間的氣氛瞬間輕鬆起來，會談也因此變得愉快、順利。

善於運用幽默來營造良好的談話氣氛，是優秀的推銷員必備的素質。只有在歡快平和的氣氛中，才能培養出忠實的客戶，順利推銷自己的產品。

用幽默化解顧客的抗拒心理

上門推銷的難處總是最大的，因為推銷員必須精神抖擻的闖進一個個陌生人的領地，但是顧客們卻不會輕易接納並相信這個陌生人所說的話。這時候，就需要具備能夠快速接近顧客，並打消其心防的本事。親切的笑容和幽默的談吐便是推銷員的通行證。

過去，走遍大街小巷的貨郎叫賣，總是很風趣。比如賣老鼠藥的：「咬了箱咬了櫃，咬了你家大花被。你包餃子要過年，它把餃子偷吃完，你捨得花上兩毛錢，家裡的老鼠全玩兒完。」賣調味品的：「胡椒麵、小茴香、花椒、八角和生薑，不用香油不用醬，包的餃子噴噴香，兩毛錢一大兩，買回家裡嘗一嘗。醉倒新女婿，樂壞丈母娘……」這種叫賣讓人聽了禁不住要開口一笑。這一笑，就縮短了推銷者與顧客的距離，買主的戒備心就在無形間一掃而空了。

此外，為了讓顧客願意與自己交談，不妨就生意之外與顧客套套關係，例如談談新聞、天氣、花草，先和顧客熟悉起來，再慢慢迂迴提到自己的商品。

有位推銷員來到一家私人店鋪，受到主人的冷漠對待，眼看對方就要下逐客令了。忽然，推銷員看到屋內有隻小狗，眼睛一亮，馬上說：「對不起，打個岔，這隻可愛的小狗是您養的吧？」

「沒錯。」

「小狗的毛很有光澤，修剪得很漂亮，費了不少勁吧？」

「是呀，因為特別喜歡，所以沒感到費多大勁……」

提起心愛的寵物，顧客不知不覺話多了起來，推銷員很有興趣的聽著。兩人談得很高興，後來顧客覺得講了太久，不買他的東西太對不起人家，結果讓推銷員得手了。

Memo

人們往往對推銷帶有抗拒心理，如果能發揮幽默感，相信能夠化解顧客的抗拒心理。

貝爾納・拉迪埃是空中巴士飛機製造公司的銷售能手，當他被推薦到空中巴士公司時，接到的第一個任務就是向印度銷售飛機。這是一個很有挑戰性又棘手的任務，因為這筆交易已由印度政府初審，但並沒有得到批准，這下能不能成功銷售出飛機，完全要看銷售代表的本領了。

拉迪埃身為這次的銷售代表，深知肩上責任重大。他稍做準備，就立即飛赴新德里，印度航空公司的主席拉爾少將接待了他。

他在見到拉爾少將後，說的第一句話是：「正因為你，使我有機會在我生日這一天又回到了我的出生地，謝謝你！」

別小看了這句開場白，雖然看上去簡單，實則蘊含了豐富意涵，向對方傳達了好幾層的意思：一是，感激對方賜予的機會，才讓他在自己生日這個值得紀念的日子來到貴國；二是，他出生在這個國家，對貴國有著特殊的感情。拉爾少將自然聽出了他這句話所包含的意思，因此瞬間拉近了兩人的距離，為他之後的推銷奠定了基礎。不消說，拉迪埃成功的將飛機銷售給了印度，取得了成功。

此後，拉迪埃憑藉他嫻熟靈巧的銷售技巧，為空中巴士公司創下了奇蹟般的業績：僅在一九七九年，他就創紀錄的銷售出兩百三十架飛機，價值四百二十億法郎。他能取得這麼大的成功，善於寒暄也占了一定的功勞。

好的廣告能夠抓住顧客的消費心理，能夠引起顧客的興趣和注意，並大大促進商品的銷售。在廣告詞中摻入一些幽默的成分，是吸引顧客的良方。

一家眼鏡公司的廣告：「眼睛是靈魂之窗。為了保護您的靈魂，請為您的窗戶安上玻璃。」

美國一則電腦廣告：「這部電腦的特點是不能為您沖咖啡。」

某廣告公司的廣告：「做生意不登廣告，就好像在黑暗裡向一個女孩傳遞秋波，除了你自己，誰也不知道你在做什麼。」

一則「生髮靈」藥物廣告：「請勿塗抹在長頭髮的地方。」

香港一個理髮店的廣告：「雖是毫末技藝，卻是頂上功夫。」

柏林一家花店門前的廣告：「送幾朵花給你所愛的人，但是，也不要忘了你太太。」

德國金龜車公司廣告：「一九七〇年型的金龜車一直是醜陋的。」

一則打字機廠的廣告：「不打不相識。」

印度一個牛奶商店的廣告：「如果你接連一千兩百個月能每天喝一杯牛奶的話，你就能活上一百歲。」

幽默的推銷員總是不愁賣不出商品，因為詼諧的口才，總是能讓他們輕易打動顧客。

幽默引導，避免強迫推銷

在推銷的過程中，千萬不要讓對方有被強迫的感覺，原本一般人就對推銷人員有戒心，如果用強迫的手段，非但無法達成任何成效，反而還會增加對方的反抗情緒。所以最理想的方式是，在推銷產品的過程中，以尊重對方的意願為前提，幽默的引導客戶。

推銷之神原一平雖然業績驚人，但他從來不用強迫推銷的方法。有一次，他想通過電話約談他的一位客戶的表哥。他是這麼約見的：

「你好，是某某電器公司嗎？請轉接總經理室。」

「請問你是哪裡啊？」

「我叫原一平。」

「請你稍等一下。」

電話轉到總經理室。

「哪一位啊？我是總經理。」

「總經理，你好，我是明治保險公司的原一平，我聽說你對繼承權方面的問題很有研究，所以今天冒昧的打電話給你，幾天之前，我曾拜訪過你的表弟，與他研究了繼承的問題，他感到很滿意，所以今天我想與你再來研究一番。」

「嗯。」經理的聲音顯得漫不經心。

「事情的經過，你問你表弟就知道了，我本來可以叫你的表弟寫一份介紹函再來拜訪你，不過這樣似乎有強迫的味道……其實在這個時候，誰也無法強迫誰……」

「嗯。」同樣都只是回答一個「嗯」，但這次語氣明顯比前面那聲親切多了。

「您認為如何？」

「既然是這樣，咱們約個時間談談也好。」

原一平之所以能成功見到這位經理，在於他說話注意分寸，又坦誠不會強迫對方，所以讓這位經理有受到尊重的感覺，自然也會同意約見。

如果客戶的需求，正是你的產品所能提供的，那麼你的推銷將會非常順利。但是，很多時候，連客戶自己都不確定自己的需求是什麼，這時就需要推銷員加以誘導，協助客戶發現他的需求。

庫爾曼有位朋友是費城一家再生物資公司的老闆，他人生的第一份人壽保險，就是從庫爾曼手中買下的。

有一天，他對庫爾曼說：「我是怎麼從你那裡買下了今生的第一份人壽保險的？你對我說的話，其他推銷員都說過。你的高明之處在於，你不跟我爭辯，只是一個勁的問我『為什麼』。你不停的問，我就不停的解釋，結果把自己給賣了。我解釋越多，就越意識到我的不利，防線最終被你的提問衝垮。所以並不是你在向我賣保險，而是我自己主動在向你買保險。」

這個朋友的話讓庫爾曼醍醐灌頂，他了解到，原來不斷提問是這麼重要——原來，一句「為什麼」能讓你逐步挖掘出對方內心深藏的需要。有了這番認識，便讓庫爾曼完成了以下數張訂單：

庫爾曼透過提問，成功向一家食品店的老闆斯科特先生推銷了一筆大保單。庫爾曼見到斯科特先生後，說：「斯科特先生，您是否可以給我一點時間，為您講一講人壽保險？」

斯科特說：「我很忙，跟我談壽險是浪費時間。你看，我已經六十三歲，早在幾年前，我就不再買保險了。兒女已經成人，能夠好好照顧自己，只有妻子和一個女兒和我一起住，即便我有什麼不測。她們也有錢過舒適的生活。」

這番話合情合理，足以讓別的推銷員知難而退，但是庫爾曼卻沒有放棄，仍然向他發問：「斯科特先生，像您這樣成功的人，在事業或家庭之外，肯定還有些別的興趣，例如對醫院、宗教、慈善事業的資助。您是否想過，您百年之後，它們就可能無法正常運轉？」

這次斯科特沉默了。庫爾曼意識到自己的提問，問到了關鍵上，於是打鐵趁熱的說：「斯科特先生，購買我們的壽險，不論您是否健在，您資助的事業都能維持下去。七年之後，假如您還在世的話，您每月將收到五千美元的支票，直到您去世。如果您用不著，您可以把這些錢用來完成您的慈善事業。」

庫爾曼的一番話果然說到了斯科特心坎裡。斯科特眼睛變得炯炯有神了，他說：「不錯，我資助了三名尼加拉瓜的傳教士，這件事對我很重要。你剛才說如果我買了保險，那三名傳教士在我死後仍能得到資助，那麼，我總共要花多少錢？」

庫爾曼答：「六千六百七十二美元。」於是，斯科特先生很高興的購買了這份壽險。

庫爾曼透過引導，讓斯科特發現自己內心真正的需求是「希望自己的慈善事業能永遠維持下去」。於是庫爾曼利用他的這個需求，說動了斯科特，讓他主動心甘情願的購買了壽險。

眾所周知，如果「牛不喝水強按頭」，牛的強脾氣就會上來了，結果一定沒好事。要想讓牛喝水，最好的方法就是讓牛自己低頭喝水。推銷也一樣，強迫別人接受你的產品，不如想辦法讓別人自願接受你的產品。

Memo

怎樣才能找到對方藏在內心深處的需求呢？美國金牌推銷員庫爾曼的經驗告訴我們一個方法，那就是不斷的提問。

考察充分，才能投其所好

古人說「知己知彼，百戰不殆」，推銷員即使幽默的說話，也要能說到別人心坎裡，才易於被接受，這就需要學會懂得察言觀色、揣摩心理，然後對症下藥，才能順利做成交易。

一天早上，一家服裝店剛開門，就進來了三名顧客。一位是六十多歲的婦人，後面是一對青年男女。男的戴一副眼鏡，頗有知識分子風度，女的穿著入時，顯然是一位注重打扮的女孩。

店員熱情的迎上去打招呼：「歡迎光臨，請問要買些什麼？」

婦人回頭對這對青年男女說：「這裡貨多，你們仔細看看，選條稱心的買。」

店員心裡明白了，這是婆婆為未來的兒媳婦買褲子。此刻，她指著掛在貨架上的褲子說：「這些式樣現在都有現貨，你們要看哪一種？我拿出來給你們仔細看看。」

三個人都低著頭不作聲。店員發現，婦人的目光總是停在五百元一條的褲子上，而女孩卻目不轉睛的盯著兩千元的褲子。

這時，男孩的眼睛一會兒望望褲子，一會兒又看看婦人和女孩，露出不安的神色。

幾分鐘過去了，細心的店員從他們的目光中琢磨出婦人想節約一點，買一條物美價廉的褲子，而女孩傾心時髦，想買一條高檔的褲子，但兩人都不好意思開口。男孩大概看出了雙方的心情，但是既怕買了便宜的得罪了女友，又怕買了高檔的得罪了母親，所以左右為難，一聲也不吭。

面對這種僵持不下的沉默局面，店員先對婦人說：「這種五百元的褲子，雖然價格便宜，經濟實惠，但都是用混紡料做成的，一般穿穿還可以，如果要求高一些，恐怕就不能使人滿意了。」

接著，店員又對女孩說：「這種兩千元一條的褲子，雖然樣式新穎，但顏色均比較深，年輕女孩穿恐怕老氣了點，不太合適。」

說著，店員取出了一條一千元的米黃色褲子說：「這種褲子式樣新穎，品質也不錯，而且米黃色是今年的流行色，高雅富麗，落落大方，女孩們穿上更能顯出青春的活力，許多人都競相購買，現在只剩這幾條了，您不妨試穿一下。」

店員一席話，使氣氛頓時活躍起來，姑娘喜形於色，婦人眉開眼笑，男孩轉憂為喜。三個人有說有笑的翻看著這條褲子，女孩試穿後也十分滿意，婦人也高高興興的付了錢。

「投其所好」在很多時候都能收到意想不到的效果，在推銷中更是意義重大。

Memo

真誠讚美一個人的長處，能使對方感到心情愉悅，拉近雙方的距離，消除隔閡。然後再一步步的將話題導引到產品上來，對方多半會心甘情願的接受建議。

湯姆是美國一家煤炭商店的推銷員，他們店的隔壁有一家大型的連鎖商店。這家連鎖商店選用煤炭向來都是捨近求遠，從遙遠的別間煤炭商店購買，而不從就在旁邊的店採購。這一情況，使湯姆感到很困惑，每當他看到連鎖商店的運輸卡車，拉著從別家店購買的煤炭，從自己的店門口飛奔而過時，心中便泛起一種說不出的滋味和苦惱。

「這樣下去不行！連近鄰的關係都打不通，我怎能算得上是一個推銷人員！」於是湯姆暗暗下定決心，一定要讓連鎖商店經理向他們的店購買煤炭。

一天上午，湯姆預約到了這個連鎖店的總經理，並走入他的辦公室。

「總經理先生！」湯姆說道，「今天來打攪您，並不是為了向您推銷我們的煤炭，而是有一件事想請您幫忙：最近我們準備就『連鎖商店的普及化將對我國產生什麼影響』為題，開一個研討會，我將在會上發言。您知道，在這方面，我是個外行。因此，我想向您請教有關這方面的一些知識和情況。因為除了您，我再也想不出其他更加合適的、能給我指點的人了。我想您不會拒絕我的請求吧！」

湯姆這番話引得這位經理侃侃而談，不僅談了他本人經營連鎖商店的經過，也暢談了連鎖商店在國家經濟的影響力，而且還吩咐一位曾寫過一本關於連鎖商店的小冊子的部下，送一本他寫的書給湯姆；又親自打電話給全美連鎖商店工會，請他們給湯姆寄一份有關這個問題的討論記錄稿副本。談話整整持續了近兩個小時。

談話結束後，湯姆起身告辭，這位經理笑容滿面的將他送到門口，並祝他在研討會上的發言能贏得聽眾。他又再三叮囑湯姆一定要將研討會的詳情告訴他，臨別時，還對他說了最後一句，也是最關鍵的話：「從春季開始，請你再來找我。我想本店的用煤，未來就由貴店來提供，不知行不行？」

結果，湯姆用兩小時的時間，拿下了這個大訂單。因為他知道投其所好，不是一開始就推銷煤炭，而是以開研討會為由，引得對方大談自己的創業史。顯然，湯姆搔到了癢處，經理很喜歡這個話題，連帶對湯姆也有了好感，最後，談得盡興的他，決定採購湯姆店裡的煤炭。

如果你能讓對方喜歡你，對方多半也會對你的產品有興趣。所以，在介紹產品之前，不妨先投其所好，拉近你與對方的距離。

中國有句老話：「對症下藥」。這個「對症」，就是要求在說服他人時抓住對方的心理。人心隔肚皮，指的是不容易知道別人的真正意向，不容易抓住別人的心理。但是，有經驗的推銷員都是察言觀色的高手，善於抓住對方心理。

利益誘惑刺激客戶消費

在沒有吸引客戶注意力之前，推銷人員都處在被動狀態。這時候，不管怎麼介紹產品都不管用，因為客戶根本不會聽。所以，不妨在恰當的時候設法刺激一下客戶，引起他的注意，取得主動權，然後再進行下一個步驟。

有一位推銷員在英國的某家皮鞋廠工作，他曾多次想拜訪倫敦的一家皮鞋店，但他的請求總是被鞋店老闆一口回絕。

這天，他如同往常一樣又來到了這家鞋店，口袋裡還裝著一份報紙，報紙上刊登著一則消息，是關於變更鞋業稅收管理的辦法。這位推銷員覺得這則消息將有利於幫助店家節省很多費用，因此就希望帶給皮鞋店老闆，讓他也看看。

於是他大聲地對鞋店的一位店員說：「請您轉告您的老闆，說我有辦法讓他發財，不但可以讓他大大減少訂貨費用，還可以本利雙雙賺大錢。」

老闆聽了他這番說詞，被勾起了好奇心，也想知道他到底有什麼方法讓自己賺大錢，就接受了他的拜會。有了這麼好的開端，事情也就很順利地朝著這位推銷員所設定的方向發展了。

如果這位推銷員和往常一樣只是勸說老闆面談的話，結果肯定和前幾次一樣，最終這個事情也會不了了之。然而他懂得了從對方利益出發，用對方感興趣的話題刺激對方，將其誘了出來，掌握主動權，後面的事情自然也就順利了。

現代行銷常常運用技巧讓顧客產生參與感，從而形成一種強大的影響力，增加顧客的親歷感，進而營造一種心理暗示，在不覺間接受你的建議。

史密斯先生在美國亞特蘭大市經營一家大型汽車修理廠，同時還是一位著名的二手車推銷員，在一九九六年亞特蘭大奧運會期間，他總是親自駕車去拜訪想臨時購買二手車的顧客，並請其試駕。

他常這樣說：「這部車我已經全面維修好了，您試試性能如何？如果還有不滿意的地方，我會為您修好。」然後請顧客開幾公里，再問道：「怎麼樣？有什麼地方不對勁嗎？」

「我想方向盤可能有些鬆動。」

「您真高明。我也注意到這個問題，還有沒有其他意見？」

「引擎很不錯，離合器沒有問題。」

「真了不起，看來您的確是行家。」

此時，顧客已對這部車充滿了興趣，便會問他：「史密斯先生，這部車子要賣多少錢？」

他總是微笑著回答：「您已經試過了，一定清楚它值多少錢。」

若這時生意還沒有談妥，他會慫恿顧客繼續一邊開車一邊商量「看來您還沒有體會到它的不同，來我們一起試試」。如此步步誘導，使他的筆筆生意幾乎都順利成交。

面對一些體驗型產品的推銷，鼓勵或吸引客戶免費試用，產生參與感，其間再肯定對方的意見，並引出早已準備好的一些建議，引起顧客的購買欲，使其順理成章地接受你的產品。

在推銷的時候，勸導不如誘導，從對方的利益著手，他會比較能接受。所以，用利益來刺激對方，能更輕易地誘其上鉤，達到自己的最終目的。

軟硬兼施——打不垮的推銷員

如果你是一個銷售員，就不僅要有不到黃河心不死的決心，更要掌握一套走遍天下都實用的「幽默術」。當別人從內心發出笑容時，還愁你的東西賣不出去？

軟硬兼施幽默術就是指在對話中，有時要達到自己的某種特定目的時，從慢慢誘導到強加壓力將對方推到一個比較被動的局勢，從而達到自己的目的。這種目的可能是某種請求或要求，也可能是想讓對方接納的某種觀點或看法等等。在達到目的的形式上，你既能以幽默輕鬆的詞彙來表達，有時又可顯露一點強硬的語氣。這種幽默方法在實際的應用中往往會行之有效，達到你預期的目標。

在日常生活對話中，當你想要對方做某件事情時，這件事有可能已經超出了對方的職責範圍或一般承受能力。所以，應用正常的語言表達方式就不一定能夠奏效，而且很有可能被對方一口回絕，甚至是不予理睬。還有些時候，你的某些觀點或看法在爭論中想得到對方的接納和認可，而平鋪直敘的語言又難以達到目的。在這種情況下，可以採用軟硬兼施的幽默術。

軟硬兼施幽默術表達方式的特點就在於它既有一定的煽動性和誘惑力，能調動起對方的興趣與積極性，同時又具有說服力，能夠使對方感覺到非做不可的壓力感和你的決心、毅力。更重要的是，對方可以從中感受到你幽默的個性和魅力，這樣往往會在比較輕鬆隨便的情緒下，自然地接受你的建議或觀點。

一位女性推銷員在市場上推銷滅蟑劑，她滔滔不絕的演講吸引了一大堆顧客。突然有人向她提出一個問題：「妳敢保證這種滅蟑劑能把所有的蟑螂都殺死嗎？」

這位推銷員機智地回答：「不敢，在你沒放藥的地方，蟑螂照樣活得很好。」

這句玩笑話使人們愉快地接受了她的推銷宣傳，好幾箱滅蟑劑很快就售完了。

幽默的超脫是寬容的、軟性的，而原則立場則是嚴肅的、硬性的。這種軟硬兼施的幽默難能可貴。在推銷中運用幽默，既能製造輕鬆幽默的氣氛，又能推動銷售的進行，因為幽默本來就是很好的宣傳語，用得好，會給人們留下深刻印象。由一句笑話引起人們的注意，是最好的銷售手段。

國家圖書館出版品預行編目資料

跟任何人都聊得來的本事 / 文天行編著．——初版——新北市：晶冠出版有限公司，2022.09
面；公分．——（智慧菁典系列：27）

ISBN 978-626-95426-6-6（平裝）

1. CST: 幽默　2. CST: 人際關係　3. CST: 人際傳播

185.8　　111011427

智慧菁典 27

跟任何人都聊得來的本事

作　　者　文天行
副總編輯　林美玲
特約編輯　李美麗、李振東
校　　對　蔡青容
封面設計　王心怡
出版發行　晶冠出版有限公司
電　　話　02-7731-5558
傳　　真　02-2245-1479
E-mail　ace.reading@gmail.com
facebook　https://www.facebook.com/ace.reading
總 代 理　旭昇圖書有限公司
電　　話　02-2245-1480（代表號）
傳　　真　02-2245-1479
郵政劃撥　12935041 旭昇圖書有限公司
地　　址　新北市中和區中山路二段352號2樓
E-mail　s1686688@ms31.hinet.net
旭昇悅讀網　http://ubooks.tw/
印　　製　福霖印刷有限公司
定　　價　新台幣320元
出版日期　2022年09月 初版一刷
ISBN-13　978-626-95426-6-6